LÍBRANOS DEL MAL

CÓMO DETENER LAS INFLUENCIAS MALIGNAS QUE INVADEN SU HOGAR Y COMUNIDAD

CINDY JACOBS

CASA CREACIÓN
Para vivir la Palabra

Para vivir la Palabra

MANTÉNGANSE ALERTA;
PERMANEZCAN FIRMES EN LA FE;
SEAN VALIENTES Y FUERTES.
—1 CORINTIOS 16:13 (NVI)

Líbranos del mal por Cindy Jacobs
Publicado por Casa Creación
Miami, Florida
www.casacreacion.com
©2001-2021 Derechos reservados

ISBN: 978-0-88419-806-2
E-Book ISBN: 978-1-59979-589-8

Desarrollo editorial: *Grupo Nivel Uno, Inc.*
Diseño interior: *Grupo Nivel Uno, Inc.*

Publicado originalmente en inglés bajo el título:
Deliver us From Evil
© 2001 Cindy Jacobs
Todos los derechos reservados.

Nota de la editorial: Aunque el autor hizo todo lo posible por proveer teléfonos
y páginas de internet correctas al momento de la publicación de este libro, ni la
editorial ni el autor se responsabilizan por errores o cambios que puedan surgir luego
de haberse publicado.

Impreso en Colombia

21 22 23 24 25 LBS 9 8 7 6 5 4 3 2 1

Reconocimientos

Ésta es una de mis labores favoritas cuando escribo un libro. Tal vez se deba a que es una de las últimas cosas que hago cuando ya he terminado de escribir el texto en sí, y estoy en casa descansando. Sin embargo, es más que eso, y en este momento traigo al corazón a todas las personas que me han apoyado durante mi larga y a veces solitaria jornada.

Por supuesto, mi agradecimiento va en primer lugar al Señor. Tú eres mi fuente y mi fortaleza. Muchas gracias.

No soy como esos escritores a los que les encanta escribir, aunque me está gustando más ahora que antes. Como consecuencia, escribir me exige mucha disciplina, y convencerme a mí misma para seguir adelante. También me exige hablar con gente como mi esposo Mike. Él lleva ya dos años oyéndome gemir a causa de este libro. Estoy segura de que le encantará saber que está terminado. ¡Muchas gracias, cariño!

Para mis hijos, que permanecieron firmes en medio del fragor de la batalla, y me siguieron dando ánimos, la gratitud de mamá. Los amo mucho y estoy orgullosa de ustedes. También, a mi madre, mi hermana y otros parientes que me apoyaron, les digo que son de lo mejor que existe.

Al personal de Generales de Intercesión, en especial Polly, que me ayudó con el texto original, gracias por soportar el fuego de la batalla conmigo.

A Beth Ward, gracias por limpiarme la casa, orar por mí y mantener en orden mi vida.

Peter y Doris, John y Paula, y otros más, gracias por haber leído el original.

Después, a Tessie DeVore, al personal de Casa Creación por su valentía al imprimir este libro, gracias. Le quiero expresar mi más profundo agradecimiento a Andrés Carrodeguas por su excelente trabajo y largas horas de esfuerzo en traducir este libro. También le agradezco a Bayard Taylor la labor hecha en la revisión teológica. Estoy segura de que me salvaste de que me tiraran unas cuantas piedras. ¡Que Dios te bendiga!

Por último, a todos mis compañeros de oración que "agitaban esas oraciones" cuando yo estaba perdiendo impulso. A Mary, Leslyn y Beth, el club de amigas, por ayudarme con la investigación, las cartas y el chocolate. Cuenten con mi eterna gratitud.

Y finalmente, en lo que a mí respecta, me parece que voy a dar una fiesta. ¡Aleluya, terminé! ¡Gracias, Dios mío!

Índice

Prólogo

Mi generación creció viendo *Casper the Friendly Ghost* y *Bewitched*. Yo tenía la costumbre de ver ambos programas de televisión, que me parecían simpáticos, cómicos y divertidos. Hoy, los niños del nuevo milenio tienen a *Pokemón, Harry Potter* y *Sabrina, the Teenage Witch*. ¿Una diversión inocente? ¿Una fantasía inocua? ¿Una forma inofensiva de pasar la mañana del sábado? ¡De ninguna manera! Los lobos siguen viniendo con piel de cordero; Satanás sigue viniendo como ángel de luz.

En la Iglesia son pocos los que han despertado a la infame naturaleza de los duendes, las brujas y los monstruos que desfilan por la pantalla de televisión de nuestros hijos y ocupan un estante tras otro en nuestras jugueterías. Lo triste es que son muchos los que no han despertado. Casper parece un fantasmita tan cariñoso; Harry Potter parece un niño tan merecedor de un buen abrazo… ¿Qué daño pueden hacer? ¡Mucho!

Como pastor, le enseño a mi congregación acerca de nuestro enemigo, que trata de devorar y destruir. ¿Significa esto que hay un demonio dentro de cada muñeca y un espíritu maligno en cada programa de televisión o cada película? No; claro que no. Pero tenemos entre manos una batalla espiritual creciente. La estratégica punta de playa de la invasión actual parece ser el mundo de las diversiones; en particular, lo que entretiene a nuestros hijos. Además, la infiltración demoníaca de nuestra cultura va mucho más allá de los monstruos de bolsillo y los conjuros de adolescentes. Necesitamos mantenernos vigilantes. Inoculados por la infiltración gradual y sistemática de estos íconos de las tinieblas, nos hemos vuelto como la proverbial rana en el cazo, que no sabe que la están cocinando. Nos han programado para que aceptemos el mal sin darnos cuenta. Necesitamos conocer las intrigas del enemigo para podernos lanzar al contraataque con una intercesión estratégica.

Cindy Jacobs es miembro fiel de mi iglesia en Colorado Springs, y amiga personal de mucho tiempo. Es valiente, franca, equilibrada y sensible. Cuando ella toca la diana, todos necesitamos levantarnos, poner atención y actuar. No conozco nadie mejor cualificado para escribir este libro. Es la persona ideal para llamarnos a esta batalla espiritual contra la invasión del ocultismo en nuestra sociedad.

Cofundadora de Generales de Intercesión y autora de los libros *Conquistemos las puertas del enemigo* y *La voz de Dios,* Cindy ya ha llevado a decenas de miles de cristianos al frente de batalla de la oración. Nos ha enseñado a escuchar la voz de Dios, a liberar los dones proféticos, y lo que significa hacer guerra en los cielos.

Hace algunos años, nos dio una comprensión muy necesaria sobre el controversial tema de las mujeres en el ministerio, con el libro *Mujeres de propósito.* Su reto franco y apoyado en la Biblia hizo que muchas personas cambiaran sus paradigmas, y la Iglesia recibió nueva iluminación en cuanto al plan de Dios para la mujer *y para el hombre.*

Ahora, con este nuevo libro, Cindy está aceptando la mayor de las tareas que Dios le ha asignado. Hace resplandecer una luz sobre lo que el enemigo quiere hacer en el nuevo milenio. No sólo habla sobre los juegos, que son instrumentos para dar entrada al ocultismo, sino que pone al descubierto toda una colección de intrigas satánicas. Después profundiza para descubrir los principios mismos que Satanás ha estado usando generación tras generación para apartar a la gente de Dios y llevarla al mundo del ocultismo.

A muchos nos gustaría relegar a las brujas a Salem, o creer que sólo viven en tierras muy lejanas. Nos gustaría ignorar lo que está sucediendo a nuestro alrededor. Pero Cindy no nos va a dejar hacerlo. Ella sabe lo peligrosa que es la ingenuidad para la Iglesia. Se da cuenta de que, cuando los cristianos cerramos los ojos, nos arriesgamos a que nuestras congregaciones y nuestra cultura se vean invadidas por la superstición, la adivinación y otras influencias del ocultismo.

Hace algunos años, Cindy se dio cuenta de la forma en que estaba creciendo la popularidad de la brujería, el movimiento de la Nueva Era y la magia negra. Alarmada, se lanzó a descubrir hasta dónde llegaban estas tendencias. Al principio, lo que ella descubrió lo va a estremecer hasta lo más profundo. Sí, tal vez viva una bruja en la casa contigua a la suya. Es totalmente posible que los jovencitos de su barrio estén jugando con maldiciones y hablando con espíritus. Lo que está claro es que el diablo está tratando de clavar sus garras en nuestras iglesias y en la urdimbre misma de nuestra sociedad.

A pesar de todo, Cindy Jacobs no se dedica a crear un estado de pánico. Lo que hace es llevarnos magistralmente a través de los pasos necesarios para protegernos nosotros mismos y proteger a nuestra familia y nuestra comunidad. Y no se detiene allí. Sigue adelante para enseñarnos cómo, con el poder del Espíritu Santo, podemos socavar y dar media vuelta realmente a todo aquello que Satanás ha hecho con malévolas intenciones.

Si alguna vez ha tenido dudas acerca de Casper, Pokemón o Harry Potter, entonces le hace falta leer este libro. Si quiere tomar parte en el esfuerzo por detener el ataque del enemigo, entonces necesita actuar de acuerdo a lo que Cindy Jacobs ha investigado, revelado y puesto ante nosotros con tanta claridad. Este libro no es un simple proyecto de investigación acerca de las actividades del diablo; es un plan de acción para contrarrestar lo que ha quedado al descubierto. Con él, tenemos los instrumentos necesarios para romper maldiciones generacionales, proteger a nuestra familia y arrancar de raíz el mal que nos quiere rodear y envolver. Cindy Jacobs nos presenta un mensaje lleno de grandes esperanzas; una declaración que podemos aceptar por completo en la Iglesia. ¡Y ahora, dejemos que Dios nos libre del mal!

DUTCH SHEETS, PASTOR GENERAL
SPRING HARVEST FELLOWSHIP
COLORADO SPRINGS, CO, E.U.A.

Introducción

Escribir este libro ha sido el reto espiritual más grande al que me he tenido que enfrentar en toda mi vida. Ha habido momentos en que he sentido ganas de echarlo todo a rodar, deseando que otra persona hiciera esta labor. Sin embargo, finalmente he seguido adelante hasta terminar la carrera, porque estoy convencida de que el Cuerpo de Cristo, en su mayor parte, carece de información acerca del ocultismo.

Durante el tiempo que he estado investigando y escribiendo este libro, se ha producido lo que podríamos considerar un avivamiento del ocultismo. Muchas personas de la Iglesia no tienen la menor idea de que esto está sucediendo, y quiero que lo sepan.

También he escrito este libro para hacer un pronunciamiento en los cielos de que los cristianos no tenemos por qué tenerles miedo a las obras del diablo. ¡El Mayor es el que vive en nosotros!

Gran parte de la información que contiene este libro ha sido tomada de libros y páginas de la web ocultistas. El Señor me ha dado una increíble medida de gracia para leer esta información —que normalmente no habría permitido en mi casa— y después dormir como una niña pequeñita. ¡Alabado sea Dios por siempre!

Mientras escribía el libro, mi familia se ha fortalecido más contra los ataques espirituales. Mi hijo Daniel ha tenido algunos encuentros interesantes, pero ha sabido permanecer firme. Mi hija Mary y su esposo Tom también tuvieron sus batallas. Mi esposo Mike ha permanecido sólido como una roca. De hecho, todos hemos salido muy bien de la situación.

En este libro, he decidido no escribir acerca de ciertos aspectos del ocultismo, como sus ritos, y el espiritualismo de diversos pueblos tribales. Ya se ha cubierto plenamente esta información en otros lugares. Mi intención es que se use este libro como material de consulta por generaciones. Aunque algunos de los detalles concretos —como los juegos del momento— puedan cambiar, Satanás todo lo que sigue haciendo es volviendo a revolver su bolsa de trucos, pero los principios siguen siendo los mismos.

También deseo que el libro tenga una aplicación práctica para su vida. A medida que vaya recorriendo cada capítulo, lo más probable es que se encuentre con zonas de lo oculto en las cuales haya estado metido, como la lectura del horóscopo o el uso de una pata de conejo para buena suerte. Al final del libro he incluido dos capítulos que lo irán guiando a través de los pasos necesarios para arrepentirse y quebrantar las ataduras del ocultismo. En el capítulo 9 le he puesto una lista de prácticas ocultistas. Puede tomar esta lista para aplicarla a su vida, o fabricar su propia lista.

¿Está preparado para que le abra los ojos bien abiertos? Comencemos.

Prefacio

Durante años, he tenido el honor de que Dios me use para sacar del ocultismo a un buen número de personas. Entre ellas ha habido seguidores de la Nueva Era, brujos, satanistas y gente metida en todo tipo de adivinación. Gran parte de la información que he incluido en este libro me ha llegado en primer lugar de estas maravillosas personas que hoy son libres en Cristo.

He usado los hechos, relatos y conocimientos que estos antiguos ocultistas me han dado, porque nos ayudarán a abrir los ojos ante lo que está sucediendo realmente alrededor de nosotros, y a prepararnos mejor para enfrentarlo. Sin embargo, necesito proteger a estas personas, algunas de las cuales siguen recibiendo serias amenazas de parte de criminales ocultistas. Por esa razón no he usado sus nombres, y algunas veces he ocultado detalles de sus relatos, para que no los puedan reconocer. Aunque no puedo identificar a estas personas, toda la información que he usado ha sido comprobada por medio de diversas fuentes.

Capítulo 1

Con los ojos
bien abiertos

E n un hermoso día de primavera, me encontré una librería local. Era una de esas inmensas tiendas pertenecientes a una cadena, con café y unos cómodos asientos para hojear y leer los libros. Aquel día, como suelo hacer, me fui directamente a la sección de libros cristianos.

Mientras andaba buscando por los pasillos, observé un letrero que decía "Nueva Era". Algo que yo pensaba en aquellos momentos que era curiosidad me llevó a esa sección. Ahora sé que fue el Espíritu Santo. La expresión "Nueva Era" no tenía nada de nueva para mí. Había dado seminarios sobre guerra espiritual, en los cuales había advertido contra el ocultismo, y había aconsejado personas para sacarlas del movimiento de la Nueva Era, que se basa mayormente en la metafísica del Oriente.

¡Lo que vi me dejó pasmada! La sección era bastante grande. Tenía ante mí filas y filas de libros sobre ocultismo, entre ellos algunos sobre la wicca, magia y todo tipo de adivinación. Me detuve frente a la sección de cartas tarot y leí los títulos: *Cartas Tarot para Vudú* y *Cartas Tarot Egipcias*. Había docenas para escoger. Dejé de contar cuando llevaba ya diecisiete variedades distintas, y aún no había terminado el primer estante. En otra hilera me encontré un equipo para hacer hechizos, con su propia muñeca vudú y todo. En una sección clasificada directamente como "Ocultismo", encontré manuales sobre viajes astrales (fuera del cuerpo), el uso de las capacidades psíquicas y la adivinación.

El ocultismo en nuestro medio

La cabeza me daba vueltas al pensar en tanto material ocultista dentro de mi encantadora ciudad, donde hay tanta influencia cristiana. Yo vivo en Colorado Springs, estado de Colorado, donde hay por lo menos ciento treinta y cinco ministerios y varias iglesias gigantescas. Hay quienes nos llaman "el Wheaton del Oeste", refiriéndose a Wheaton, Illinois, el lugar que ha sido por tanto tiempo un centro del mundo evangélico. En aquella librería había estudiantes, madres y niños pequeños. ¡Mis propios vecinos! Aquella inmensa selección de materiales de ocultismo estaba al alcance de su mano.

Así fue como abrí los ojos bien abiertos. Una cosa que sé, por ser escritora, es que las librerías no ofrecen un libro, a menos que tenga ventas. Esto me estaba diciendo que *en mi ciudad* había un mercado de buen tamaño para esta clase de materiales.

Cuando salí de la librería, me sentía justamente indignada. Era necesario que alguien hiciera algo sobre esto. El Cuerpo de Cristo necesitaba saber lo que está sucediendo en nuestra nación. Muchos han hablado sobre *Pokemón* y *Harry Potter*. Sin embargo, ¿conocen la gran cantidad de materiales ocultistas que hay en sus propias ciudades? ¡Había que decírselo!

Comienza mi investigación

En medio de mi enojo, me susurró una vocecita: "¿Por qué no haces tú algo sobre esto?" Por supuesto, yo sabía que no se podía tratar de mí misma. Sí, ya había escrito tres libros. De hecho, el último, *Mujeres de propósito,* sobre el papel de las mujeres en la Iglesia, había sacudido todo un avispero que apenas en esos momentos se estaba tranquilizando. Para decir la verdad, no estaba muy dispuesta a enfrentarme con más problemas así.

A pesar de aquello, tuve una fuerte confirmación de que debía escribir sobre el tema del ocultismo, se produjo cuando me encontré con Bruce y Claudia Porter en otra librería de una cadena en la vecina ciudad de Denver. Bruce era el pastor de Rachel Scott, una joven de diecisiete años que había muerto en el tiroteo de Columbine, en Littleton, Colorado, en el año 1999. Me relató la historia que ya hoy es bien conocida sobre los asaltantes que le dispararon en una pierna y después le preguntaron: "¿Crees en Dios?" Cuando ella dijo que sí, la mataron de un disparo.

Todos recordamos demasiado bien los detalles de la matanza de Columbine. Catorce estudiantes y un maestro muertos; veintitrés heridos. Hay fuertes razones para creer que los jóvenes asaltantes de Columbine habían estado bajo la influencia de videos violentos, pero muchas veces me he preguntado si no caerían también bajo la influencia del ocultismo. Ciertamente, daban el aspecto de estar endemoniados. Al fin y al cabo, ¿quién sino alguien que esté endemoniado le puede disparar a otra persona en la cara y después hablar tranquilamente sobre el aspecto que tienen los sesos esparcidos por el suelo? *Sí, lo sé; esto es fuerte, pero ésa es la razón de que le pusiera a este capítulo el título de "Con los ojos bien abiertos".*

Una introducción a la wicca

Mientras hablaba con los esposos Porter sobre la razón por la cual los dos jóvenes mataron a Rachel, les pregunté si querían caminar conmigo hasta la sección de ocultismo de la librería, que encontramos enseguida. La de esta tienda era mayor aún que la de Colorado Springs. Entre los libros que examinamos había un ejemplar de *Teen Witch* ["Bruja adolescente"], escrito por Silver Raven Wolf, uno de los libros sobre el tema que más se están vendiendo. En la contracubierta resaltaba en negrita una pregunta: "¿Así que quieres ser bruja?"

Me dio un vuelco el corazón mientras lo hojeaba. La autora RavenWolf dice que ella se crió en una familia bautista que acostumbraba asistir a la iglesia. Su primer naipe de cartas tarot se lo había regalado una prima. Así comenzó su viaje de conversión *del* cristianismo a la wicca, que es la práctica de la brujería.

Este libro, escrito con un estilo animado, presenta las diferencias entre la brujería y el cristianismo. La señora RavenWolf hace que la brujería parezca algo plausible; incluso emocionante. Me di cuenta de que podía seducir a los creyentes jóvenes, o a las personas que no estuvieran firmemente ancladas en su fe cristiana.

Les mostré a los esposos Porter lo que escribe la señora RavenWolf sobre la naturaleza de las divinidades de la wicca:

> Los brujos vemos a Dios como masculino y femenino, así que con frecuencia le llamamos Dios el Señor y la Señora. Algunas veces nos limitamos a llamarle Espíritu. Entendemos que Alá, Jesús y Buda son todos rostros del lado masculino de Dios; sin embargo, le damos igual importancia

a su lado femenino. A este lado de Dios le llamamos la Señora. En la religión cristiana, la parte femenina de Dios se manifiesta a través de María, pero María no tiene una categoría igual a la de Dios.[1]

(Pasó algo bien interesante cuando estaba escribiendo el párrafo anterior. La pantalla de mi computadora comenzó a parpadear; después se puso gris y por fin, me sacó por completo del programa que estaba usando para escribir y se apagó por completo la computadora. Yo me detuve para orar y le pedí al Señor que hiciera que los intercesores que me apoyan orasen con más fuerza).

De todas formas, al cerrar las páginas de *Teen Witch* aquel día en la librería, el asunto estaba resuelto. Tenía que escribir para advertir al Cuerpo de Cristo sobre la invasión de las naciones del mundo por el ocultismo. Oré en silencio para pedir fuerzas mientras me dirigía a la caja con el fin de comprar el primer libro de ocultismo para mi nueva colección. ¡Si hubiera visto la cara que puso la cajera! Yo murmuré algo sobre una investigación que estaba haciendo, y me marché de allí a toda prisa.

La ola creciente de ocultismo

La mayoría de nosotros hemos oído hablar de *Pokemón*. ¡Está en todas partes! Aunque no es un instrumento abiertamente ocultista como las cartas tarot, este popular juego les enseña a niños hasta de cuatro años a jugar con la clarividencia, convocar espíritus e iniciarse en otras prácticas ocultistas. Estas cosas son peligrosas. Hasta la revista *Newsweek* publicó un artículo titulado: "¿Es maligno el Pokemón?" Lamentablemente, ésta es la conclusión a la que llegaba el artículo: "Bueno, tal vez no, pero los educadores y los padres se siguen preocupando de que haya ido demasiado lejos".[2]

Este artículo revela lo ampliamente aceptado que ha llegado a ser este juego de monstruos japonés:

> Un seleccionador de música de una estación de Los Ángeles anunció un concurso de llamadas telefónicas cuyo premio serían entradas para el estreno de la película *Pokemón*. De repente, las centrallillas telefónicas de Warner estaban recibiendo setenta mil llamadas *por minuto*. El mensaje estaba claro: *Pokemón* sigue siendo un monstruo.[3]

Esto es sólo señal de que el ocultismo se está volviendo algo aceptado en la cultura estadounidense. Está en la internet, en la letra de los cantos populares y en nuestras escuelas públicas. Ahora hay sacerdotes de la wicca que hacen sus invocaciones en las reuniones de los consejos municipales, los brujos convocan sus aquelarres en recintos de colegios universitarios que una vez fueron cristianos y los departamentos de policía usan psíquicos para seguirles la pista a los criminales. El ejército de los Estados Unidos permite ya oficialmente que sus miembros practiquen la wicca. Hay una rama en Fort Hood, la mayor de las bases militares del país, situada en Killeen, Texas.[4] Estos brujos practican lo que ellos llaman *magia blanca,* y dicen que sólo lanzan conjuros positivos. Son los que practican la magia negra los que van lanzando conjuros para destruir. Sin embargo, las Escrituras prohíben estrictamente toda forma de brujería, sea blanca o negra (vea Deuteronomio 18:10-12). (En el capítulo 4 podrá leer más acerca de la inspiración demoníaca de la brujería).

El ocultismo en la televisión

El ocultismo ha invadido también la televisión y el cine. ¿Le ha echado un vistazo últimamente a la guía de programación de la televisión? Hay tres programas, *Buffy the Vampire Slayer, Sabrina, The Teenage Witch* y *Charmed,* que dirigen sus temas demoníacos al mercado de los adolescentes y de la generación X. El anuncio de *Charmed* proclama: "Están por todas partes". En el programa, los personajes llamados Prue, Piper y Phoebe se enfrentan a más brujos de los que pueden controlar. Es grave pensar en la cantidad de niños que estarán viendo el programa solos en su casa.

Gracias a Dios, el programa *Freaky Links,* de la red Fox, fue cancelado a mediados de su primera sesión en el año 2001. Con todo, esa serie demuestra lo lejos que están dispuestas a llegar las redes de televisión. *Freaky Links* también tenía en la web un sitio que les daba a los niños fácil acceso a información acerca de la wicca, instrucciones sobre la forma de lanzar conjuros, y enlaces con otros sitios ocultistas de la web.

Al crear programas como *Buffy,* los medios de comunicación han ayudado a lanzar el ocultismo. Triste es decirlo, pero lo más probable es que los medios de los Estados Unidos sean los principales culpables. No cabe duda de que hemos contaminado a las naciones de este mundo con las películas y los programas de televisión que producimos.

¿Hasta qué punto han tenido influencia el ocultismo y las personas de inspiración demoníaca que trabajan en los medios en casos como la masacre de Columbine y otros tiroteos en las escuelas? En el capítulo 3 veremos unas cuantas cosas más que servirán para abrirnos los ojos.

¿Quién cree en los fantasmas?

Un indicador que nos revela cómo nos afectan estas películas, libros y programas de televisión, es lo que se llama la Encuesta de Inquietud.

El 2 de noviembre de 1999, el servicio noticioso de las revistas *Charisma* y *Vida Cristiana* informó sobre los resultados de esta encuesta, que indican que hay muchas personas que viven en medio del terror. Casi la mitad de la población afirma creer en los fantasmas. Fueron más aún los que expresaron su preocupación por la creciente popularidad de películas, libros y programas de televisión que presentan el lado tenebroso de lo sobrenatural.

Esta encuesta, realizada por el servicio de noticias Scripps Howard y la Universidad de Ohio, afirma también que el veinticinco por ciento de las personas entrevistadas en la década de los ochenta creía en los espíritus. A principios de la década de los noventa, el treinta y nueve por ciento pensaba que los fantasmas podían ser una realidad.

La nueva encuesta revela también que el veintiocho por ciento pensaba que es posible que los brujos actuales tengan poderes místicos. El cincuenta y cuatro por ciento estaban preocupados por los efectos que los libros y las películas de la actualidad acerca de "monstruos [como los] vampiros, las brujas y otras criaturas sobrenaturales pueden tener en la gente".[5]

Es un buen momento para que el Cuerpo de Cristo dé un paso al frente y diga: "Sí, lo sobrenatural es real, pero no hay por qué preocuparse, porque el poder de Dios es mucho mayor. Si quieren ver evidencias de su poder, vengan a nuestra iglesia".

Por qué necesitamos ver

Los cristianos debemos estar dispuestos a adquirir un buen grado de conocimiento sobre la amplia infiltración del ocultismo en nuestra sociedad. Es necesario que veamos este tema de una manera clara y pertrechados de una buena información.

Mientras escribía este libro, busqué una y otra vez materiales cristianos que pusieran el ocultismo al descubierto. Lo triste es que hallé muy pocos. O no se escribe nada, o lo publica el propio autor, o las librerías no lo ofrecen. Cualquiera que sea la razón, los guerreros de oración necesitamos unas fuentes buenas y dignas de confianza para ser vigías eficaces en los muros.

No estoy diciendo que nadie esté tomando una posición en contra de la invasión ocultista. Es obvio que hay quienes oran, y en la internet se encuentran buenos escritos destinados a poner al descubierto las tácticas de Satanás. Con todo, necesitamos más.

Este libro no es más que un manual introductorio para traer a la luz este escenario. Tengo la esperanza de que esto sea como quien le da una fuerte patada a una gran piedra y ve cómo salen de debajo de ella todos los insectos.

El factor miedo

Cuando estaba comenzando mi investigación para escribir este libro, me llevé conmigo a una de mis compañeras de oración para visitar las librerías del centro de Colorado Springs. Mientras estábamos acuclilladas mirando el libro *The Vampire Book, The Encyclopedia of the Undead* ["El libro de los vampiros, La enciclopedia de los no muertos"], ella susurró: "Cindy, ¿no sientes la opresión que hay aquí?" Yo le sonreí y le dije con voz ligeramente divertida: "¡Por supuesto! Es fuerte, ¿no crees?" Entonces compré el grueso volumen y nos fuimos para mi casa.

Muchas personas me han dicho: "Pero Cindy, ¿no tienes miedo de tener todos esos libros de ocultismo en tu casa?"

Mientras escribía este libro, se me han abierto los ojos a la realidad del miedo que le tienen los cristianos a lo oculto. Son muy pocos los que quieren que los lleve a conocer la biblioteca de cartas tarot y textos de wicca que he acumulado para este proyecto.

Realmente, estamos aislados en la Iglesia. La mayor parte de las veces, no tenemos ni idea de lo que está pasando en el mundo secular. No somos la clase de gente "sal y luz " que debemos ser.

Tal vez una de las razones por las que hay tanta guerra alrededor de este tema, es que el Cuerpo de Cristo tiene tanto miedo de recibir una maldición, o de sufrir algún tipo de venganza, que no quiere enfrentársele. Amado, estamos en una batalla por las almas de los seres humanos y de nuestras naciones. No podemos permanecer ignorantes de las artimañas de Satanás y al mismo tiempo ser eficaces en la batalla.

Es importante que vayamos un poco más lejos y analicemos la razón por la que les tenemos tanto miedo a los objetos del ocultismo.

Por supuesto, yo no creo que los debamos tener en nuestras casas. De esto hablaré en el capítulo 9. sin embargo, es posible que muchos creyentes procedan de una herencia de superstición. Esto le presta fuerza a nuestro temor de que los brujos nos lancen una maldición.

Las acciones supersticiosas

Las supersticiones son ocultistas por naturaleza, y la cultura de los Estados Unidos y otras naciones del mundo está repleta de ellas. Por ejemplo, ha oído alguna vez decir: "No pases por debajo de una escalera abierta", o "No abras una sombrilla dentro de la casa"? O bien, "Si rompes un espejo vas a tener siete años de mala suerte", o "No dejes que se te atraviese un gato negro en el camino. Es mala suerte". La mayoría de nosotros hemos oído estos adagios, y tal vez hasta los hayamos repetido, lo cual demuestra que es cierto lo que digo.

Aunque según la definición del diccionario, una superstición no es más que una "creencia irracional", cuando la conectamos con un sistema de creencias sobrenatural e impío se convierte en una superstición ocultista. Esto tiene gran poder y le abre la puerta a la opresión.

En este mundo sólo hay dos fuentes de poder: el que procede de Dios y de su Reino, y el que procede del reino de Satanás. Cuando le damos crédito a algo que sólo es una creencia irracional, esto les da una oportunidad a los poderes demoníacos para que entren en operación por medio de esa creencia. Una de las formas más corrientes en que funcionan muchas sociedades en cuanto a la superstición ocultista, es por medio de la creencia en la suerte.

Aquí en los Estados Unidos se cree fuertemente en la "suerte". ¿Qué nos decimos unos a otros antes de pasar por un examen? "Buena suerte, Joe." "Buena suerte, Susie." Nos demos cuenta o no, cuando le deseamos suerte a alguien le acabamos de dar crédito a una costumbre ocultista supersticiosa. La vida de los cristianos no está gobernada por la suerte. Nuestro destino se halla en las manos de un Dios capaz y amoroso que no es caprichoso por naturaleza.

Esta creencia en la suerte se halla tan arraigada en nuestra vida, que puede ser muy difícil limpiar nuestra mente para que le deje de dar crédito. De hecho, inmediatamente después de haber trabajado en esta sección, estaba jugando al *Monopolio* con mi familia, y me di cuenta de que al tirar los dados estaba diciendo algo como: "¡Vamos, dados, quiero un doble seis!". De repente, me detuve y me di cuenta de que le estaba haciendo el juego a lo que en Estados Unidos llamamos

Lady Luck ["La dama suerte"]. Muchos jugadores se dirigen a "ella" inmediatamente antes de tirar los dados, o de hacer una apuesta en las carreras.

Una pérdida de fe

Este fondo de superstición tiende a hacer que se debilite nuestra fe cuando andamos cerca de brujos o de satanistas. He conocido cristianos que creen que Dios va a ocuparse de todas sus necesidades, pero les tienen miedo a los que practican el ocultismo. No deberían ser así las cosas. Si alguien debería sentirse ansioso y temblando, deberían ser los ocultistas, porque hay unas fuerzas demoníacas que influyen fuertemente sobre ellos, y muchas veces gobiernan su vida.

En una ocasión estaba sentada en un café de Buenos Aires con una amiga. En el hotel donde Harvest Evangelism, el ministerio de Ed Silvoso, estaba celebrando un seminario, había también una convención de brujos. El vestíbulo estaba repleto de exhibiciones de bolas de cristal, cartas tarot y otros objetos del ocultismo. Mi amiga miró todo aquello y me dijo, casi sin aliento: "Cindy, estamos sentadas en un café repleto de brujos". Yo miré a mi alrededor y me eché a reír, así que ella me dijo enseguida: "Cindy, ¿de qué te ríes?" Yo sonreí y le contesté en voz baja: "Estaba pensando que Dios los juntó para que nosotros oremos por ellos y los hagamos nacer de nuevo". Ella sólo movió la cabeza y suspiró, mientras aceptaba lo que yo había dicho con una simpática sonrisa un tanto forzada.

Le ruego que no me malentienda. Tengo un sano respeto por el tema del ocultismo y estoy plenamente consciente del poder de los espíritus que lo rodean. Durante años he dado clases sobre guerra espiritual y he dirigido grupos de intercesores. Aunque reconozco el poder del ocultismo, también conozco la Palabra, y esa Palabra dice: "Mayor es el que está en vosotros, que el que está en el mundo" (1 Juan 4:4). Yo no tenía razón alguna para sentir temor por estar en aquel café de Argentina. Tampoco he tenido razón para temer mientras escribo este libro. Téngalo presente mientras lee estas páginas. ¡Satanás no es mayor que Dios!

Sólo el principio

Va a necesitar valor para leer este libro. Créame: Me hizo falta valor a mí para escribirlo. Es posible que lo que lea lo sorprenda. A mí me sorprendió descubrir la cantidad de sectas de vampiros que existen en los Estados Unidos, y que es del conocimiento corriente de los miembros de esas sectas de vampiros que muchos de ellos se beben realmente la sangre unos a otros. En uno de mis viajes al centro de Colorado Springs, descubrí una tienda donde había todo un escaparate repleto de artículos para vampiros. Había anillos y pendientes en una caja de cristal, que se podían ver tocando un botón que rotaba las joyas. Sí, en mi pequeña y agradable ciudad tenemos personas que están metidas en el vampirismo.

Ésta es la misma tienda (que no está abiertamente dedicada al ocultismo) en la cual había una fila tras otra de libros, revistas y juegos de *Dungeons and Dragons*. Mientras escribo estas líneas, medito en este pensamiento: *Me pregunto qué aspecto tendrán las librerías de su ciudad.* Si se da unos cuantos viajes como los que yo hice, tal vez regrese a su casa con los ojos bien abiertos.

Capítulo 2

Magia, diosas y caza de almas

Para que este libro tenga sentido, necesitamos establecer unos sólidos cimientos basados en la Palabra de Dios. Es triste que la mayoría de los creyentes no tengan idea de lo que dice la Biblia en sus advertencias contra la magia, la caza de almas, la astrología, la adivinación y cosas semejantes. Por tanto, veamos en primer lugar lo que dicen las Escrituras acerca de estas actividades ocultistas.

Aunque algunas secciones de este capítulo exijan un cierto esfuerzo mental, le ruego que no las pase por alto. La información que contienen será un valioso instrumento de consulta ahora y en el futuro. Aquí presento lo que dice Dios acerca de la magia, y lo que prohíbe. Doy también material teológico útil y defino una buena cantidad de términos que lo ayudarán a comprender el resto del libro.

El ejemplo de Éfeso

Al estudiar el tema de las advertencias bíblicas contra la magia, necesitamos entender un poco la cosmovisión en la que se movían los escritores. La imagen más clara que tenemos de esto, procede de la epístola a los Efesios, y de un estudio sobre la ciudad de Éfeso.

B. M. Metzger, profesor del Seminario Teológico de Princeton, afirma: "De todas las ciudades grecorromanas de la antigüedad, Éfeso, la tercera ciudad del Imperio, era con mucho la más hospitalaria para los magos, brujos y charlatanes de todo tipo".[1]

Con tantos efesios dedicados al ocultismo, no es de sorprenderse que Lucas escriba acerca de la forma en que muchos magos llegaron a conocer a Cristo como Mesías:

> Y muchos de los que habían creído venían, confesando y dando cuenta de sus hechos. Asimismo muchos de los que habían practicado la magia trajeron los libros y los quemaron delante de todos; y hecha la cuenta de su precio, hallaron que era cincuenta mil piezas de plata (Hechos 19:18-19).

En un comentario sobre este pasaje, C. Peter Wagner, escritor y experto en iglecrecimiento, calcula así el valor de los libros que se quemaron en Éfeso:

> En conjunto, valían cincuenta mil piezas de plata. Ernest Haenchen dice que es "un valor equivalente al sueldo de cincuenta mil días el que voló con las llamas". Si cada pieza de plata representa el sueldo de un día, en la escala actual estadounidense de diez dólares por hora en un día de ocho horas de trabajo, u ochenta dólares diarios, equivaldría en total a cuatro millones de dólares. ¡Ciertamente, una gran quema de libros![2]

El ocultismo en el mundo de Pablo

El mundo en el que vivió y escribió Pablo estaba repleto de idolatría, superstición y magia. La gente adoraba dioses y diosas. Artemisa (a la que se llama "Diana de los efesios" en Hechos 19:28), con sus manifestaciones visibles, era la deidad principal de la ciudad de Éfeso. Los efesios habían edificado en su honor un grandioso templo que es considerado aún como una de las siete maravillas del mundo antiguo.

Artemisa de los efesios

Artemisa era una diosa cazadora, la diosa madre, la diosa de la naturaleza (o la Tierra) y la diosa de la fertilidad.[3] Su equivalente en Egipto era la diosa Isis. En Éfeso había numerosas diosas del infierno, entre ellas Hékate, Selene y Ereschigal, que también formaban parte de este conjunto.[4] Las conexiones exactas entre las diversas diosas difieren según el experto, pero la mayoría coinciden en decir que Hékate reinaba sobre la brujería[5] y que Selene era la diosa de la tierra.[6] Tal vez Ereschigal fuera la más tenebrosa, y una de las fuentes de información relata cómo la gente la invocaba cuando les lanzaba conjuros amorosos a sus compañeros de homosexualidad.[7]

Como habrá notado, la gente de los tiempos de Pablo era sumamente supersticiosa. Gastaba una buena cantidad de tiempo y de esfuerzo haciendo encantamientos, además de usar amuletos mágicos para protegerse de los malos espíritus.

Las "letras efesias"

Un amuleto es un tipo de objeto ocultista protector que se usaba para espantar los malos espíritus o para darle poder sobrenatural a la persona. Los efesios usaban unos amuletos llamados *Ephesia Grámmata*, "letras efesias". Estas letras no tenían relación alguna con la epístola a los Efesios que aparece en la Biblia; eran conjuros mágicos que se podían escribir en los amuletos. Las palabras eran usadas de maneras supersticiosas para protegerse del mal o para recibir ayuda en ocasiones especiales. Por ejemplo, se conoce la historia de un luchador efesio que compitió en los antiguos juegos de Olimpia llevando las letras o "grámmata" efesias en los tobillos. Así derrotó repetidamente a su oponente de Mileto hasta que le descubrieron las "letras" y se las quitaron. Entonces, el milesio obtuvo con toda facilidad tres victorias sucesivas.[8]

Esto podrá parecer absurdo, pero creámoslo o no, estos conjuros sí tienen poder; de lo contrario, la gente no los usaría. Hay amuletos que sólo son ornamentos supersticiosos, pero hay otros que están respaldados por poderes procedentes del ámbito demoníaco.

El poder de la Palabra

Al estudiar el tema del ocultismo, me han asombrado la fuerza y el poder de la Palabra de Dios, sobre todo en la epístola a los Efesios. Escrita por Pablo, Efesios presenta al poder de Dios como superior al del mundo de lo oculto. Pablo escogió ciertas palabras y ciertos nombres para liberar poder espiritual. Todo gentil de Éfeso que se convirtiera en creyente, conocería esas palabras y se identificaría con ellas. Pablo usó un lenguaje que demostraba que el poder de Dios es mucho más grande que cualquier poder oculto.

La oración inicial de Efesios es especialmente poderosa para nosotros en este momento en que comenzamos nuestro estudio del ocultismo. Es absolutamente esencial que comprendamos la realidad que Pablo presenta de manera tan elocuente en ella:

> Y cuál la *supereminente* grandeza de su poder para con nosotros los que creemos, según la operación del poder de su fuerza, la cual operó en Cristo, resucitándole de los muertos y sentándole a su diestra en los lugares celestiales sobre todo principado y autoridad y poder y señorío, y *sobre todo nombre que se nombra, no sólo en este siglo, sino también en el venidero* (Efesios 1:19-21, cursiva de la autora).

He puesto en cursiva las palabras "todo nombre que se nombra", porque en los papiros mágicos (rollos de papel escritos) de aquellos tiempos se invocaban sartas de nombres para fortalecer la protección de una persona contra las enfermedades u otros tipos de espíritus malignos. Pablo está afirmando algo que es asombroso, tanto para la gente de su tiempo como para los que hemos vivido después: Cristo está por encima de todo y de todos. No tenemos por qué temer lo que nos hagan esos poderes, porque se nos ha dado un nombre que está por encima de todo nombre. Su nombre, y sólo su nombre, es supremo sobre todas las cosas. Los efesios no necesitaban estarle añadiendo a ese nombre más sartas de "nombres poderosos", como tampoco lo necesitamos nosotros hoy.

El poder que hay en un nombre

Clinton Arnold, profesor de la Universidad de Biola, destaca lo que implican las palabras "todo nombre que se nombra". En su excelente obra *Ephesians: Power and Magic,* Arnold escribe que la invocación de los nombres es importante para el exorcismo y los encantamientos mágicos, tanto en el judaísmo como en el mundo pagano. Es decir, que el que Cristo tenga un nombre que está por encima de todo otro nombre es una muestra de su supremacía.[9] Efesios 1:22 amplía la idea con una poderosa proclamación:

> Y sometió todas las cosas bajo sus pies, y lo dio por cabeza sobre todas las cosas a la iglesia.

Observe la similaridad y la relación con el Salmo 110:1:

Jehová dijo a mi Señor: siéntate a mi diestra, hasta que ponga a tus enemigos por estrado de tus pies.

Oro fervientemente para que, mientras usted estudia este libro, se llegue a dar cuenta de que, por medio de Cristo y de la sangre que derramó en su obra expiatoria, hemos recibido todo *poder* y autoridad sobre todo nombre que se pueda nombrar, tanto en el cielo como en la tierra. No tenemos por qué temerles a los enemigos demoníacos. Lo opuesto es lo cierto. ¡Son ellos los que nos deben temer a nosotros!

El Hades es aplastado

Pablo fortalece su razonamiento con otro poderoso pasaje de Efesios:

> Por lo cual dice: Subiendo a lo alto, llevó cautiva la cautividad, y dio dones a los hombres. Y eso de que subió, ¿qué es, sino que también había descendido primero a las partes más bajas de la tierra? El que descendió, es el mismo que también subió por encima de todos los cielos para llenarlo todo (4:8-10).

Cristo *"llevó cautiva la cautividad"* a base de descender primero a las partes inferiores de la tierra. Esto indicaba entonces, y sigue indicando ahora, que Cristo derrocó el dominio del *Hades,* el infierno, o lo que el Antiguo Testamento llama "el Seol".

La bruja de Endor (la médium a la que consultó el rey Saúl en 1 Samuel 28) se comunicaba con los espíritus infernales, llamados *ov* en hebreo. No era una simple médium para hablar con los muertos, sino que hay la posibilidad de que se relacionara de alguna forma con los espíritus del infierno, o sea, lo que es llamado Hades en el Nuevo Testamento.

En los tiempos de Pablo, estos espíritus del Hades tenían nombres como el de Hékate. Esta diosa del infierno en particular, era venerada y considerada con autoridad sobre "las llaves del Hades". El Hades era un lugar al que temían grandemente los habitantes del Asia Menor, como se evidencia en las menciones que hay en las inscripciones de numerosas lápidas encontradas en toda aquella región".[10]

Las palabras de Pablo

Hay un número notable de palabras más en la epístola a los Efesios que se ve con claridad que están sacadas de la forma en que se comprendían los poderes sobrenaturales en tiempos de Pablo. Tal como mencionara anteriormente, Pablo, bajo la inspiración del Espíritu Santo, usa repetidamente las llamadas *palabras de poder* para proclamar claramente que el poder de Dios es mayor que cualquier poder demoníaco.

La razón por la que he entrado tanto en los detalles es que los escritores del Nuevo Testamento daban por conocidas una serie de cosas que nosotros algunas veces no comprendemos. Necesitamos entender las Escrituras en toda su intención, incluyendo su contexto cultural, para ver con claridad la malvada amenaza que significa el ocultismo en todas las generaciones.

La aplicación de la Palabra

En las Escrituras hay un gran número de pasajes más que definen términos de magia. Necesitamos saber lo que dice la Biblia mientras profundizamos en temas que a primera vista parecen benignos. Esto va a ser especialmente cierto cuando hablemos de los juegos de nuestros hijos y los programas de televisión en el próximo capítulo, titulado "Juego de niños". La fantasía y el ocultismo ha influido tanto en muchos de nosotros, que se nos hace difícil aceptar la verdad. Algunas de estas cosas, como los programas de televisión *Casper the Friendly Ghost* y *Bewitched,* nos parecen cercanas y queridas. Tal como señala Dutch Sheets en el Prólogo de este libro, nos traen agradables recuerdos de nuestra niñez. Sólo podremos comprender lo insidioso que es el sistema de creencias que nos han puesto en el pensamiento y la mente, cuando lo sostengamos a la luz de la Palabra de Dios.

¿Magia o Magick?

En todo el libro, uso con frecuencia la palabra "magia". Ahora, quiero definirla. Cuando escribo sobre la magia, no estoy hablando de trucos de salón, ni de sacar conejos de un sombrero. Uso esta palabra como un término amplio que abarca muchas otras palabras del ocultismo.

En su sentido más amplio, la magia es una forma de comunicación en la que participa el mundo sobrenatural. Se intenta afectar el curso de sucesos presentes y futuros por medio de acciones rituales (en especial las que comprendan la imitación simbólica de lo que el practicante quiere que suceda), y/o de la recitación de fórmulas que describan los resultados deseados, y/o de la invocación de dioses, demonios o espíritus sobre los cuales se cree que habitan en ciertas sustancias naturales."[11]

Otra palabra bíblica que equivale a la palabra "magia" es "encantamiento".

"Magia" es un término general aplicable a todo lo que esté relacionado con los psíquicos y la adivinación, la brujería wicca, la lectura de las cartas tarot, la astrología, o predicción por medio de las estrellas (otra forma de adivinación), el vudú, o cualquier otra práctica relacionada. Los que practican la magia suelen hablar de "magick", para distinguirse de los prestidigitadores, con sus trucos de salón.

La toma de control

También se puede definir la magia como un instrumento de control.[12] Hablaremos más tarde de esto, porque la magia puede entrar incluso en la Iglesia por medio del control sin que nosotros estemos conscientes de lo que está sucediendo.

Tal vez usted esté pensando en estos momentos: *Pero Cindy, ¿quieres decir que yo he estado practicando magia y brujería cada vez que he leído mis predicciones astrológicas y he buscado mi signo?* ¡Por supuesto! En otro punto posterior de este libro lo voy a ayudar a renunciar a todas las prácticas ocultas en las que haya participado.

Por el fuego

He aquí uno de los pasajes más claros de las Escrituras donde Dios señala qué es lo que le prohíbe:

> No sea hallado en ti quien haga pasar a su hijo o a su hija por el fuego, ni quien practique adivinación, ni agorero, ni sortílego, ni hechicero, ni encantador, ni adivino, ni mago, ni quien consulte a los muertos.
>
> —DEUTERONOMIO 18:10-11

El versículo siguiente (v. 12) proclama que "es abominación para Jehová" todo el que hace esas cosas.

La mención de los padres que sacrifican a sus hijos tiene un fuerte parecido con la práctica actual del aborto.

> Y no des hijo tuyo para ofrecerlo por fuego a Moloc; no contamines así el nombre de tu Dios. Yo Jehová.
>
> —Levítico 18:21

Moloc era el dios cananeo del fuego, al cual se sacrificaban los niños.[13] Dios les advierte con frecuencia a los israelitas que se alejen de Moloc.[14] Hoy en día, por medio del aborto, les entregamos nuestros hijos a los dioses de la sociedad. Aunque no se trate de una idolatría intencional, ciertamente es egoísta. Puesto que los sacrificios liberan gran poder, estoy segura de que los poderes demoníacos se complacen en él y lo consideran como un acto que los fortalece.

Cuidado con la brujería

El que practica la brujería y el que practica la hechicería parecen ser considerados al mismo nivel en las Escrituras. Estoy consciente de que los wiccans protestarían de que yo diga que la brujería se relaciona con los espíritus malignos, pero todo espíritu que se invoque, y que no sea el Espíritu del Dios viviente, es demoníaco. Pablo les advierte a los corintios que no podemos beber de la copa de los demonios y de la copa del Señor al mismo tiempo: tenemos que escoger una u otra (vea 1 Corintios 10:20-21).

Clarividencia y adivinación

La clarividencia y la adivinación tienen unas raíces similares. La clarividencia es el acto de predecir sucesos. La adivinación lleva esto un paso más allá, interpretando augurios para revelar conocimientos escondidos. Hay muchas técnicas de adivinación. Algunas veces se hace sacrificando a un animal y estudiando su hígado. La mujer de Hechos 16:16 poseía un espíritu de adivinación. Finis Dake, al comentar la Biblia, lo llama "espíritu pitón o Apolo", y presenta una información reveladora: "Se creía que todo el que pretendiera adivinar sucesos futuros se hallaba bajo la influencia del espíritu de Apolo Pitio. Las sacerdotisas de su templo eran llamadas "pitonisas".[15]

Hay numerosos programas y anuncios de la televisión donde los psíquicos le adivinan la fortuna a la gente. ¿Se ha preguntado alguna vez cómo lo hacen? Por supuesto, hay algunos de estos psíquicos que son farsantes y sólo quieren quedarse con el dinero del que los llama. Sin embargo, hay poderes reales detrás de los demás. Los espíritus demoníacos llamados "familiares" lo saben todo acerca de la familia de la persona a la que le están hablando, y le están dando la información al psíquico. Tal vez él piense que está ayudando al que lo ha llamado, pero en realidad lo está arrastrando hacia la brujería, la cual, como quedará demostrado en la próxima sección, es abominable para Dios.

Espíritus, conjuros y médiums

Muchos de los que están metidos en el ocultismo, entre ellos los wiccans, invocan espíritus y lanzan conjuros. Deuteronomio 18 prohíbe con claridad estas actividades ocultistas y las llama "abominaciones" (vv. 9, 12). El hecho de que la persona crea que está haciendo "magia blanca" no cambia nada. La Biblia dice con claridad que no debemos lanzar conjuros, ya sean blancos, negros o de cualquier otro color.

Este pasaje del Deuteronomio condena también a los médiums y a las consultas con los muertos. Los médiums se asocian a los espíritus infernales. Los que sostienen que ellos entran en contacto con los muertos, también pueden recibir el nombre de espiritistas o espiritualistas. Estas personas usan lo que se llama "necromancia", lo cual significa que trata de comunicarse con los espíritus de las personas fallecidas. Hoy en día, el espiritualismo es una religión que mezcla con frecuencia el cristianismo con la necromancia. Hablaré más de esto en otro lugar del libro.

Los médiums le permiten a un espíritu guía que los posea y tome control de ellos, supuestamente para que los espíritus de los difuntos hablen a través de sus cuerdas vocales. Esto engaña mucho a las personas que, movidas por su dolor después de haber sufrido un fallecimiento en la familia, tratan de hablar con sus seres queridos que han muerto. Es triste decirlo, pero no saben que en realidad están hablando con demonios que han tomado el control de las cuerdas vocales del médium.

Encontramos en Lucas 12:29 una sorprendente advertencia contra la exploración de la práctica ocultista de la astrología o estudio de las estrellas. A primera vista, parece más bien benigno cuando lo leemos en la traducción al español: "Vosotros, pues, no os preocupéis por lo que habéis de comer, ni por lo que habéis de beber, ni estéis en ansiosa inquietud." Hay otras traducciones en la que se nos alerta contra una mente titubeante o atribulada. Sin embargo, cuando profundizamos en el significado del verbo griego traducido como "estar en ansiosa inquietud", nos da la impresión de que podría significar algo mucho más fuerte. También se podría estar refiriendo a un astrólogo; alguien con conocimientos de meteorología y que se relaciona con los cuerpos celestiales.[16] Si vemos el contexto de este pasaje, descubrimos que se nos está haciendo entender que Dios va a proveer para nosotros y para nuestro mañana. Creo que podríamos parafrasear este pasaje diciendo: "No se preocupen por lo que van a comer o beber por medio del uso de astrólogos que afirman predecir su futuro; búsquenme a mí, porque yo soy su futuro y voy a cuidar de ustedes".

Son muchos los cristianos de todo el mundo que creen necesitar a Dios y a su pata de conejo o su moneda de la suerte. Yo creo que en este pasaje de Lucas, nuestro amante Padre celestial nos está tratando de decir: *Yo soy todo lo que necesitas.*

La superstición

Todos hemos oído hablar de grandes figuras del deporte que son muy supersticiosas y creen que tienen una racha de suerte porque mastican cierta clase de chicle o de tabaco de mascar durante el juego, usan un cierto bate o comen en un determinado restaurante.

Art Modell, el dueño del equipo de fútbol de los Baltimore Ravens, usó el mismo traje negro a rayas y llegó al estadio exactamente noventa minutos antes de que comenzara cada juego durante el año 2001. Su equipo era candidato a las grandes finales del Super Bowl, y él creyó que si seguía siempre los mismos hábitos, les daría suerte.[17] Los famosos del deporte no son los únicos supersticiosos. Cuando yo era niña, pedía un deseo antes de soplar las velas de mi pastel de cumpleaños. Tal vez usted también lo haya hecho.

A Satanás no le importa llevarnos la corriente por un tiempo, porque a través de esas creencias nuestras, él va adquiriendo poder en nuestra vida. No obstante, algún día tendrán que pagarla todos los que se apoyan en el poder de la suerte. Satanás es un destructor, y no da ninguna de sus supuestas "bendiciones" sin cobrarse un precio.

Tirar un centavo en un pozo de los deseos, o mirar una estrella fugaz para hacer un deseo son cosas que parecen inocentes, pero si nos detenemos a pensarlas, tendremos que preguntarnos: "¿A quién le estoy pidiendo ese deseo?" Cuando creemos en la suerte, estamos acudiendo a algo que se halla fuera del ámbito humano. Si no se trata de

Dios, entonces, ¿de quién se trata? Lea otra vez 1 Corintios 10:20-21. No podemos beber al mismo tiempo de la copa de los demonios *y* de la copa del Señor. La participación en el ocultismo al nivel que sea es pecado, y Satanás sabe que la Biblia dice que seremos juzgados por ella.

Amuletos y talismanes

He aquí otro pasaje que pasamos por alto con frecuencia, y prohíbe el uso de amuletos, filacterias o talismanes:

> ¡Ay de aquellas que cosen vendas mágicas para todas las manos, y hacen velos mágicos para la cabeza de toda edad, para cazar las almas! ¿Habéis de cazar las almas de mi pueblo, para mantener así vuestra propia vida? (Ezequiel 13:18)

Es obvio que aquellas mujeres estaban lanzando encantamientos por medio del uso de talismanes para robar o controlar las almas de las personas. Aunque esto parezca asombroso, puede suceder realmente. El libro de Arnold sobre los efesios hace una excelente descripción de los amuletos. Le recomiendo muy de veras este libro a todo el que quiera saber más sobre este asunto.

Los líderes cristianos como blanco

Cada vez que viajo a América del Sur oigo asombrosas historias de sacerdotes del vudú que maldicen el alma de líderes de la Iglesia. También sucede en Nepal, donde Charles Mendies, quien tiene un orfanato cristiano, habla de médicos brujos que hacen pociones dirigidas contra los misioneros.[18] Lo mismo sucede en los Estados Unidos. Hace algunos años, mientras un famoso pastor celebraba reuniones de avivamiento en San Francisco, se juntaba un grupo de wiccans fuera de la sala de reuniones para lanzar conjuros contra él.[19]

La caza de almas es algo que suena terrible, pero es exactamente lo que hacen los sacerdotes del vudú y los médicos brujos. Un día estaba orando por un gran líder religioso que al parecer había perdido la cordura; había abandonado a su esposa de muchos años para irse con una mujer más joven, y no tenía remordimiento alguno. Es posible que lo hayan sometido a una obra de hechicería. He sabido de casos en que los brujos se infiltran en las casas de los líderes cristianos y lanzan conjuros sobre los hombres de la familia para hacer que caigan en adulterio. No debemos ignorar las maquinaciones de Satanás, para que no gane ventaja alguna sobre nosotros (vea 2 Corintios 2:11).

La buena noticia es que las Escrituras nos prometen que Dios está en contra de sus encantamientos mágicos, y se los va a arrancar de los brazos (Ezequiel 13:20).

El matrimonio bajo ataque

Son muchos los hombres y las mujeres que esperan demasiado tiempo para romper el poder de la hechicería en la vida de su cónyuge cuando comienza a enredarse emocionalmente con otra persona. Una vez que hayan tenido relaciones sexuales, o hayan llegado a una profunda intimidad, va a ser mucho más difícil quebrantar el poder del enemigo. No quiero decir con esto que no se pueda hacer, pero una verdadera liberación suele exigir oración y ayuno.

Estoy segura de que este último pasaje es una de esas experiencias que "les abren bien los ojos" a muchos dentro del Cuerpo de Cristo. En los últimos tiempos, Satanás está atacando a los matrimonios, sobre todo los de líderes cristianos, con una ferocidad sin paralelo. Por eso son tan necesarios para el Cuerpo de Cristo los libros como *Prayer Shield* ["Escudo de oración"],[20] de C. Peter Wagner. Necesitamos orar por nuestros líderes, para que no los afecten los satanistas y aquellas personas que practican la magia negra y que los maldicen o tratan de cazar sus almas.

La protección del futuro

Lo felicito por haber llegado hasta aquí. No me ha sido fácil escribir este capítulo. Sin embargo, tengo la firme convicción de que estoy ayudando a proteger a las generaciones futuras a base de poner al descubierto las tinieblas de la magia, al iluminarlas con la luz del Evangelio.

Capítulo 3

Juego de niños

Ahora que ya estamos funcionando con los ojos bien abiertos, es hora de echarle una mirada a una de las amenazas más serias que significa esta invasión del ocultismo en nuestra sociedad. Mientras muchos de nosotros andábamos con los ojos cerrados, el enemigo se ha infiltrado en los juegos de nuestros niños, en las películas que ven y en los libros que leen.

Aunque tal vez no estemos conscientes de lo que les está sucediendo a nuestros hijos, sólo tenemos que sintonizar las noticias para saber que hay algo realmente malvado en acción. Oímos hablar de las bajas puntuaciones en los exámenes, la adicción a las drogas, hijos que les plantean juicio a sus padres, un vandalismo desenfrenado, jovencitos disparándoles a otros jovencitos, y mucho más. Esto es estremecedor, si tenemos en cuenta que en estos momentos tenemos en marcha uno de los movimientos de oración más poderosos en toda la historia de la Iglesia.

¿Será que hemos subestimado el poder y la amplitud del ocultismo en nuestra sociedad mientras buscábamos respuestas a los problemas de la nación? ¿O será que no hemos ido a la raíz del problema, cuando el enemigo siembra las primeras semillas de magia, superstición y brujería en nuestros hijos? Aunque los juegos, libros y películas de hoy van a pasar de moda un día, Satanás va a usar los mismos métodos para engañar una y otra vez. Cuando veamos este malvado esquema en funcionamiento dentro de un juego en particular, podremos aplicar a otras formas de diversión lo que hemos aprendido. También comprenderemos mejor la influencia que pueden haber tenido en nosotros algunos juegos y espectáculos de los que hemos disfrutado en nuestra propia niñez.

Es hora de familiarizarnos con los entretenimientos de la actualidad.

Los juegos que nuestros hijos juegan

En el primer capítulo mencioné el *Pokemón*. Es uno de los más populares y peligrosos entre los juegos que nuestros hijos juegan en la actualidad. Sin embargo, no es el único. De hecho, sólo es un paso hacia otros juegos de fantasía que llevan a los niños a un nivel más profundo de ocultismo.

La invasión de Pokemón

Satoshi Tajiri creó el *Pokemón* en 1996. Lo diseñó para el Game Boy de Nintendo, un juguete electrónico, y se popularizó en el Japón. En 1998, la Nintendo, en colaboración con la división Wizards of the Coast de la compañia Hasbro, introdujo el juego en los Estados Unidos y pronto se convirtió en un éxito aquí también. De la versión amarilla se vendieron más de un millón de ejemplares en el primer mes.[1]

Pokemón ha ido mucho más allá de los Game Boys. Hoy en día tiene un juego de intercambio de tarjetas, un juego de video, un programa de televisión, varias películas y gran diversidad de mercancía que lo acompaña. Hasta tiene su sitio en la web y un torneo de campeonato a nivel mundial.

Lo que enseña Pokemón

Pokemón es una palabra en la que se abrevian otras dos en inglés: POCKEt MONster ("monstruo de bolsillo"). En estos momentos tiene ya más de ciento cincuenta criaturas. A primera vista, estos personajes inventados podrán parecer más bien inofensivos. Sin embargo, basta un cuidadoso examen para hallar unos desconcertantes parecidos con algunas prácticas de la wicca y de otras formas de ocultismo.

Cada uno de los Pokemones tiene sus propios poderes especiales, que crecen y evolucionan. A los jugadores, en su mayoría niños, se los anima a llevar su *Pokemón* con ellos dondequiera que vayan. Según las reglas oficiales del torneo, el poder del *Pokemón* que tienen en las manos va a hacer que estén "listos para todo".[2]

Los Pokemones están pintados en tarjetas que se pueden comprar en conjunto, o adquirir a base de intercambiarlas y de luchar con otros Pokemón. Mientras más poderoso sea el Pokemón, más difícil es conseguir su tarjeta.

A los jugadores se les llama "entrenadores". Mientras más hábil sea el entrenador, más Pokemones colecciona. Ash es un niño que es el héroe y el entrenador modelo. Se supone que los niños deben esforzarse por seguir su ejemplo. En un episodio del programa de televisión de *Pokemón*, Ash captura su quinto Pokemón, pero su mentor le dice que con cinco no basta. Debe capturar muchos más si quiere ser un maestro de Pokemón: mientras más capture y entrene, más poder tendrá en las batallas futuras.

Así que Ash busca más de estos pequeños Pokemones solitarios y llenos de poderes. Primero debe hallar el Pokemón psíquico llamado Kadabra, y arrebatárselo a Sabrina, su entrenadora telepática con los ojos rojos. Con el fantasma Haunter de su parte, esto debería ser muy fácil.

Pero Ash subestima el poder de su oponente. Cuando batalla con Sabrina, cada uno de ellos escoge un Pokemón y lo lanza al aire, pero sólo Kadabra evoluciona para convertirse en un supermonstruo. Haunter se esconde. "Tal parece que tu espanto Pokemón se espantó", dice Sabrina burlándose.[3]

Otro diálogo de *Pokemón* revela los valores morales que enseña este juego. Medite en la influencia que esto podría tener en los niños: "Puedes atrapar un Mew haciendo trampas con un Gameshark."

"Ah, el Gameshark. Hacer trampas no es honorable. Pero muchos de ustedes me han pedido y enviado esta información, así que la he escrito para todos aquéllos de ustedes que son tramposos."[4]

Otra criatura inventada que se llama Gengar tiene el poder de lanzarles una maldición a los jugadores de *Pokemón*. Esto les enseña a los niños que maldecir por medio de la magia es algo correcto. *Pokemón* también es modelo de otros rasgos de personalidad tan impíos como los juegos de azar.

Este juego de fantasía, con su claro poder seductor sobre nuestros niños, los introduce al ámbito demoníaco. En su libro *Pokemon and Harry Potter: A Fatal Attraction* ["*Pokemón* y *Harry Potter*: Una atracción fatal"], el pastor Phil Arms hace un excelente trabajo al demostrar cómo *Pokemón* encarna características de la Nueva Era y del ocultismo. Sólo voy a mencionar dos de ellas aquí.

- El *Pokemón* llamado Evee puede ser transformado, o cambiado, en tres clases distintas de *Pokemón*. No obstante, el entrenador debe usar piedras para completar su transformación. Hay varios Pokemones más que se pueden alterar con estas piedras. "Los ocultistas han enseñado que hay muchos tipos de piedras que tienen capacidades mediúmnicas. Los partidarios de la Nueva Era sostienen que algunas piedras, como los cristales, pueden despedir una energía capaz de sanar, e incluso de transmitir pensamientos", escribe Arms.[5]

- La telepatía o poder mental del Pokemón llamado Psyduck es increíble. Lo malo es que se cree que es suya y no se da cuenta de que en realidad se trata de demonios que le dan ese poder. "Psyduck derrota a sus enemigos hipnotizándolos con una mirada penetrante y lanzando una descarga de energía mental reprimida. El concepto de la Nueva Era que es paralelo a esta capacidad cae dentro del título de estado de conciencia alterado", explica Arms.[6]

Hay niños hasta de cuatro años que participan en el juego de *Pokemón* y sus derivados. Aunque los creadores del juego lo llamen diversión, en realidad, a medida que van coleccionando Pokemones, los jugadores aprenden a ser clarividentes, a convocar espíritus, a practicar el control mental y a meterse en otras artes mágicas. Tal como dijimos en el segundo capítulo, las Escrituras prohíben estrictamente todo esto.

¿Que los niños aprenden habilidades matemáticas?

Hay defensores del *Pokemón* que alardean de que este juego les enseña a los niños habilidades matemáticas porque tienen que comprar y vender las tarjetas. Aunque esto fuera cierto, ¿vamos a aprobar el *Pokemón* por esa razón? Si lo hacemos, entonces también deberíamos aceptar que los niños apostaran a las carreras de caballos y vendieran drogas. Cuando alguien apuesta en una carrera, necesita saber cuáles son los riesgos. Cuando alguien vende drogas, tiene que calcular el peso del producto y saber contar los pagos en efectivo.

Efectos secundarios peligrosos

El fruto de esta forma de magia y brujería para principiantes nos debería aterrar a todos. El tema central de *Pokemón* es "los tengo que tener todos". Una meta así puede tener por consecuencia la violencia y una forma de conducta obsesivo-compulsiva.

Hay escuelas que han prohibido el juego y las tarjetas, a causa de uno de los problemas que los acompañan. Por ejemplo, en Filadelfia, cuatro jovencitos de los primeros años de secundaria fueron arrestados después de atacar a sus compañeros de clase para robarles sus tarjetas de *Pokemón*. En Quebec, un estudiante de catorce años fue acuchillado en una pelea sobre el juego.[7]

Uno de los efectos secundarios más aterradores del *Pokemón* se produjo en Tokyo, en una circunstancia en la que unos setecientos escolares informaron haber sufrido convulsiones, vómitos y otros síntomas, mientras veían sus dibujos animados. La televisión de Tokyo les impuso una advertencia sobre la salud a los episodios siguientes.[8]

¿Cuántos niños han sido embrujados con este juego en nuestra sociedad? La primera película de *Pokemón* tuvo unas ganancias de $50,8 millones en sus primeros cinco días. Wizards of the Coast, la compañía estadounidense con base en Renton, Washington, que introdujo el juego en enero de 1998, afirma haber vendido más de dos millones de juegos para principiantes, a razón de $10 cada uno.[9]

La Biblia nos hace la siguiente advertencia en 1 Timoteo 4:1:

> Pero el Espíritu dice claramente que en los postreros tiempos algunos apostatarán de la fe, escuchando *a espíritus engañadores y a doctrinas de demonios* (cursiva de la autora).

El primer paso hacia el ocultismo

"¿Hasta dónde nos podemos acercar al ocultismo, y seguirlo llamando 'buena diversión a base de interacción social y ampliación de la imaginación para los niños'",[10] pregunta el pastor Brett Peterson acerca de *Pokemón*.

Es un juego ocultista a nivel de introducción. Wizards of the Coast tiene una página de web (www.wizards.com) que no sólo presenta a *Pokemón*, sino que también proporciona información sobre otros juegos de fantasía más peligrosos aún que producen, entre ellos *Magic: The Gathering* y *Dungeons and Dragons*.

"Satanás siempre comienza ofreciendo una carnada", escribe Phil Arms. "En este caso, les ofrece a los niños una divertida fantasía y un escape a la realidad... Sin embargo, cuando se meten en el juego de *Pokemón*, es inevitable que participen en un mundo de fantasía, desempeñando papeles en él."[11]

Magic: The Gathering

El juego llamado *Magic: The Gathering* es un juego de cartas ocultista de representación de papeles mucho más tenebroso. En 1998 participaron en él cerca de medio millón de personas, y se vendieron más de dos mil millones de naipes.[12] Lo inventó Richard Garfield en 1993. Cuando abrí un naipe, inmediatamente supe que aquel juego era malvado. Las cartas, que se dividen en categorías como "criatura" y "hechicería", presentan imágenes de encantamientos, hechizos y monstruos. He aquí unos cuantos ejemplos tomados del juego de iniciación:

- Coerción, una carta de brujería. Dice: "La ternura humana sólo es debilidad en paquete bonito".
- Ogre Warrior, una carta de criatura. Dice: "Con asalto y violencia incluidos".
- Trained Orgg, una carta de criatura. Dice: "Todos los orggs saben matar; su adiestramiento les enseña qué hay que matar".
- Hand of Death, una carta de brujería. Dice: "El toque de la muerte nunca es delicado".
- Lava Axe, una carta de brujería. Dice: "Destinada a cortar el cuerpo de un extremo a otro y quemar hasta el alma misma".
- Scathe Zombies, una carta de criatura. Dice: "Afortunadamente para ellos, no hace falta mucho cerebro para asesinar y mutilar".

En este juego, el poder viene cuando se coleccionan diferentes colores de lo que llama "manna". El manna se obtiene de tierras, bosques y montañas. Por ejemplo, el manna rojo da el poder de los "encantadores" rojos, que pueden pulverizar el suelo bajo sus pies. Escoger el manna rojo es escoger la acción sobre el debate. Con su capacidad de invocar criaturas como dragones, ogros y duendes, el manna rojo es insuperable en agresión y se destaca por los daños que causa.[13] Esto me recuerda Jeremías 8:12:

> ¿Se han avergonzado de haber hecho abominación? Ciertamente no se han avergonzado en lo más mínimo, ni supieron avergonzarse.

En este versículo, Dios les habla a los israelitas que habían caído y lo habían olvidado a Él, a pesar de que les había dado el maná, el alimento celestial. En *Magic: The Gathering,* los jugadores no se avergüenzan en su codicia por alcanzar el poder más dañino. Lo irónico es que se ha torcido y aplicado de una forma sumamente aberrante el nombre de un don bíblico de Dios: el maná ("manna" en inglés).

Las primeras impresiones

Es interesante la forma en que llegué a conocer este juego de *Magic: The Gathering*. El ministerio que fundamos mi esposo y yo, Generales de Intercesión, estaba llevando a cabo una serie de conferencias en Brooklyn, Nueva York. Esto sucedía durante el período en el que le estaba preguntando al Señor si Él quería que escribiera sobre el tema, o no. Una señora me envió una nota para preguntarme si había oído hablar de *Magic:The Gathering*, y me incluía fotocopia de una de las cartas. Me sentí abrumada ante la maldad de la imagen que había en ella.

Más tarde, regresé al hotel donde nos hospedábamos. Al salir del vehículo para entrar al hotel, noté una carta tirada en el bordillo de la acera. Para mi sorpresa, era una carta de *Magic* similar a la que había visto aquella misma mañana en la fotocopia. Aquello no era coincidencia, sino otra indicación más del Espíritu Santo para comenzara este proyecto. Dios es asombroso.

Dungeons and Dragons

Un juego de fantasía o de representación de papeles que es más antiguo, pero que no se puede pasar por alto, es *Dungeons and Dragons*. Es extremadamente ocultista por naturaleza. Originalmente llamado "The Fantasy Game" ["El juego de la fantasía"], fue creado por Dave Arneson en 1970. Lo han jugado millones de personas, ha sido traducido a doce idiomas y se ha vendido en cincuenta naciones.[14] Wizards of the Coast compró *Dungeons and Dragons* en 1997, añadiéndolo a su creciente catálogo de juegos de fantasía.

Mientras que *Pokemón* y *Magic:The Gathering* son juegos de tarjetas, *Dungeons and Dragons* es una experiencia interactiva en la que se va relatando una historia. Hay muchos manuales que les dicen a los jugadores cómo hacer para lanzar conjuros e interactuar con demonios. Los fabricantes admiten descaradamente que es un juego de hechicería.[15] El *Monster Manual* ["Manual de monstruos"] de *Dungeons and Dragons* presenta una lista con títulos de demonios como Jubilex, el señor sin rostro descrito como "el más repugnante y detestable de todos los demonios".

Es necesario evitar este juego a toda costa.

Vampire: The Masquerade

Vampire: The Masquerade es otro juego de representación de papeles más reciente, que se está popularizando con gran rapidez. Creado por Scotsman Mark Rein-Hagen —irónicamente, hijo de pastor—, es intensamente aberrante. Los jugadores toman nombres de vampiros. Muchos abandonan su nombre legal para abrazar más plenamente su papel de vampiros. Se convierten en criaturas de la noche, y juegan hasta que amanece. Los jugadores se visten de acuerdo con su papel, con gran propensión a vestirse de negro.

Algunos jugadores van más allá de la representación de papeles, hasta adquirir ciertas características de vampiros en su vida diaria. Hay quienes se afilan los dientes y se unen a clubes de vampiros. Estos vampiros tienen señales secretas para comunicarse entre sí. Se muerden unos a otros en el cuello y los brazos hasta sacarse sangre, y se la beben. Beber sangre es algo que se halla con frecuencia en prácticas de magia negra como el satanismo. Levítico 7:26-27 dice con gran claridad que está prohibido comer sangre.

> Además, ninguna sangre comeréis en ningún lugar en donde habitéis, ni de aves ni de bestias. Cualquiera persona que comiere de alguna sangre, la tal persona será cortada de entre su pueblo.

Las sectas de vampiros

Aunque durante mucho tiempo han existido historias de vampiros y diversos tipos de seguidores suyos, la secta actual adquirió fuerza cuando Martin V. Riccardo fundó *The Journal of Vampirism* ["El diario del vampirismo"] en 1977. Fue una de las primeras publicaciones periódicas dedicadas a los vampiros. Hoy en día, el atractivo popular de los vampiros se refleja en las docenas de organizaciones activas interesadas en ellos que hay en los Estados Unidos e Inglaterra, cada una de ellas con su propia publicación regular. Aquí no estamos incluyendo los clubes de fanáticos de programas de televisión sobre vampiros como *Dark Shadows, Forever Knight* y *Buffy the Vampire Slayer*.

The Vampire Book: The Encyclopedia of the Undead[16] ["El libro de los vampiros: La enciclopedia de los no muertos"] (que, dicho sea de paso, tiene unos trece centímetros de grueso) presenta toda la historia de los libros y películas sobre los vampiros y comenta de manera muy completa la fascinación que éstos ejercen. En este libro hay secciones donde se habla de la muerte, la inmortalidad, la sexualidad prohibida, el poder y el sometimiento sexuales, la intimidad, la enajenación, la rebelión, la violencia y la fascinación ante lo misterioso.[17]

Es probable que el libro *Interview with a Vampire* ["Entrevista con el vampiro"], de Anne Rice, y la película que se hizo inspirada en él, sean los instrumentos que más ha usado Satanás para extender el gran número de seguidores del vampirismo del que ya he hablado.

Me doy cuenta de que no es agradable leer este tipo de material. Créame que tampoco es divertido para mí escribirlo. Sin embargo, ésta es la realidad que se esconde de mucha gente hoy. Como ya he señalado acerca de Colorado Springs, mi propia ciudad, donde encontré un lugar donde se vendían artículos para vampiros: Si los venden, es que hay quienes los compran, porque quieren que los identifiquen como vampiros.

El tablero de Ouija

Hay muchos juegos ocultistas más, entre ellos el tablero de *Ouija*. Creada durante el avivamiento del espiritualismo a mediados del siglo XIX, la *Ouija* utiliza prácticas para echar la suerte y técnicas para leer la mente que son muy antiguas. Aunque se han fabricado muchas versiones, la *Ouija* es el primero, y sigue siendo el más popular, entre los tableros parlantes de la actualidad. Lo sorprendente es que es el juego de tablero que más se ha vendido en todos los tiempos, con excepción del *Monopolio*.[18] Los que juegan con el tablero de *Ouija* ponen la punta de los dedos en una pieza del juego (llamada "planchette"), esperando que se vaya moviendo hacia las letras y los números, y respondiendo así las preguntas que ellos han hecho.

Si usted ha jugado a la *Ouija*, o alguno de los juegos que he mencionado, tal vez haya recogido alguna opresión demoníaca, y le convendría leer el capítulo 9.

Indicaciones para los padres

¿Qué deben hacer los padres para enseñarles a sus hijos los peligros del ocultismo en los juegos con los que van a entrar en contacto? He aquí algunas indicaciones.

1. No permanezca ignorante de los artificios de Satanás. Manténgase informado sobre los tipos de juegos que va a conocer su hijo a través de sus amigos o su escuela. Recorra las

jugueterías y vea lo que hay en los estantes. Si tiene acceso a la internet, busque las direcciones en las cajas de los juegos y estúdielos por su propia cuenta.

2. Hable frecuentemente con sus hijos. Pregúnteles cuáles son los últimos juegos y pasatiempos en su escuela. Si quiere dar un paso más, compre el juego y estúdielo cuidadosamente. Compare el juego con las normas bíblicas. ¿Es de naturaleza demoníaca? ¿Manifiesta poderes ocultos? ¿Es violento? Dígales a sus hijos lo que las Escrituras enseñan acerca de cada una de estas características.

3. Lea los pasajes bíblicos que he puesto en el capítulo dos y explique lo que quieren decir las Escrituras cuando hablan de la magia, la brujería y el ocultismo.

4. Entre al cuarto de su hijo o hija. Vea si hay evidencias de algún tipo de participación en el ocultismo. Si encuentra algo, hable con su hijo o hija sobre el tema. No acuse a su hijo o hija. Averigüe dónde consiguió ese material. Es posible que no sea suyo. Hablaré más de esto cuando comentemos las prácticas ocultistas de los adolescentes.

¿Qué decir de Harry Potter?

Un día, abrí las páginas del periódico *USA TODAY,* y noté que había dos libros para niños en la lista de éxitos de librería del *New York Times.*[19] Ambos libros proceden de una serie llamada *Harry Potter,* y el título sonaba bastante a ocultismo. Más tarde encontré uno de ellos, *Harry Potter and the Sorcerer's Stone* ["Harry Potter y la piedra del hechicero"], en lugar prominente en una librería local. Por curiosidad, tomé un ejemplar para leerlo.

La serie de *Harry Potter* fue escrita por una señora inglesa llamada J. K. Rowling, y es notablemente fácil de leer. La seducción es grande, porque el relato apela a los sentimientos del corazón. Su héroe, Harry, es un huérfano de diez años que en realidad es un poderoso hechicero. Lleva una existencia muy triste con su cruel tío y el bravucón consentido de su primo. Su vida cambia el día en que cumple los once años, en el cual descubre quién es, y lo aceptan en el internado Hogsworth para aspirantes a hechiceros.

El jovencito recibe clases sobre la manera de montar una escoba mágica, cómo hacer pociones, lanzar encantamientos, transformarse y otras prácticas ocultistas. Todo esto va envuelto en un paquete de "diversión" bien pensado para emocionar al lector común y corriente mientras se imagina a Harry volando en su increíble escoba.

¿Inocente? Si uno desconoce lo que enseñan las Escrituras acerca de la magia, así parecería. En realidad se hace difícil criticar al pobre paria de Harry, que descubre de repente que no sólo es alguien, sino que es una persona muy poderosa que no tiene nada de inofensiva. Descubre que puede usar sus poderes mágicos personales para hacer el bien o el mal. Esta idea del poder personal se halla tras gran parte del atractivo de *Harry Potter,* pero es un poder personal que no tiene nada que ver con Dios. De hecho, es un serio engaño, sobre el cual nos alertan las Escrituras en 1 Timoteo 4:1. Tenemos que evitar todo espíritu de engaño y seducción. Se trata de la misma seducción atrevida y burda dirigida por la serpiente a Eva en el huerto. Le dijo que podría tener el conocimiento de todo, y de esa manera, adquirir poder. La engañó, haciéndole creer que es posible alcanzar un poder así sin contar con Dios. Éste es el verdadero atractivo de toda magia.

¿Igual que Narnia?

En mis viajes por todo el mundo, muchas personas me han preguntado: "¿Acaso no es la fantasía de *Harry Potter* igual que la de las *Crónicas de Narnia,* de C. S. Lewis?"

La respuesta es que no. *Harry Potter* es claramente demoníaco en su naturaleza. Presenta las prácticas ocultistas como normativas y buenas. En cambio, la serie de *Narnia* tiene unos límites claros entre el bien y el mal, y la idea principal de las historias es la redención.

Hay cristianos que alegan que leer a *Harry Potter* les da la oportunidad de indicarles a sus hijos lo que está mal con respecto a los brujos y la hechicería. Aunque es posible que algunos padres sean capaces de lograrlo, me pregunto si esto no será como asistir a una película de clasificación prohibida para enseñarle a alguien acerca de lo depravada que es la pornografía.

La punta del témpano

Otro de esos momentos que abren bien los ojos me llegó en una ocasión en que recorrí la sección para adolescentes en una librería. Calculo que alrededor del setenta por ciento del material de lectura es de naturaleza ocultista.

Tenemos una necesidad muy real de convertir esto en motivo de oración dentro del Cuerpo de Cristo. Una cosa por la que podemos interceder es para que surjan buenos escritores cristianos que puedan superar cuanto produce el mundo del ocultismo. Necesitamos libros de base bíblica que tengan una lectura agradable y que capten el interés de los adolescentes.

¿Por qué son tan peligrosos los libros al estilo de los de *Harry Potter?* En primer lugar, están cambiando las bases de lo que consideramos normativo en nuestra cultura. Hubo un tiempo en el cual se consideraba como aberrantes a quienes se dedicaban a los juegos ocultistas; ya no es así. Estos libros son instrumentos ocultistas que dan entrada a cosas como la brujería, la hechicería, los conjuros y el poder espiritual alejado de Dios. Lo que comienza como una fantasía, termina en conjuros y pociones reales. Los libros al estilo de los de *Harry Potter* abren la puerta para que la persona se dedique a practicar la magia.

Phil Arms tiene unas fuertes palabras en cuanto a lo que les está sucediendo a nuestros hijos a través de la serie de *Harry Potter:*

> Es trágico ver a estos padres que por ingenuidad o por ignorancia, introducen ansiosos a sus hijos a un tipo de diversión que es una trampa mortal y puede terminar destruyendo realmente su vida… *Harry Potter* es mucho más agresivo [más que *Pokemón* y otros juegos] en su seductor atractivo para hacer que los niños participen en la brujería y el ocultismo… Esta serie tan desbocadamente popular es la ilustración más asombrosa del ataque psicoespiritual al que están sometidos [nuestros] hijos hoy.[20]

Harry y la wicca

Sé que son muchas las personas bien intencionadas, entre ellas algunos líderes cristianos muy respetados, que se burlan de la idea de que *Harry Potter* cree un interés creciente en la brujería. Sin embargo, he hallado que es cierta. Sólo pongo un ejemplo: una jovencita de trece años de edad en el sur de California. Después de leer a *Harry Potter,* buscó libros que hablaran de cómo hacerse bruja, porque "sentía curiosidad". Gracias a Dios, esta jovencita tiene una abuela que ora y no la dejó seguir adelante con la wicca, pero muchos lo hacen.

Gioia Bishop, de Napa, California, de diez años de edad y fanática de *Harry Potter,* le dijo al *San Francisco Chronicle:* "Estaba ansiosa por llegar primero a Hogwarts, porque me gusta lo que se aprende allí, y quiero ser bruja".[21]

En Inglaterra, la Federación Pagana ha sido inundada con una cantidad tan grande de preguntas acerca de la wicca, la mayoría procedentes de jovencitas adolescentes, que han nombrado un funcionario encargado de jóvenes, cuya principal responsabilidad consiste en responderles a los fanáticos de *Harry Potter* que quieren saber cómo llegar a ser brujos. "Es muy probable que [el interés creciente en la brujería] esté relacionado con cosas como *Harry Potter, Sabrina, the Teenage Witch* y *Buffy the Vampire Slayer*", le dijo Andy Norfolk, el Funcionario de Medios de Comunicación de la Federación Pagana, al noticiero de la web británico *This is London.*[22]

Los propios wiccans y ostros paganos consideran a *Harry Potter* como un buen ejemplo para futuros brujos, aunque señalan que su hechicería no sigue todos los principios de la verdadera brujería. "Tal vez parezca absurdo tomar como modelo a un niño brujo de ficción [Harry]. Sin embargo, en el ámbito de lo invisible, donde la imaginación reina, es posible que las inspiraciones de la ficción sean las más relevantes. Profundice en las raíces del paganismo y va a encontrar muchos poetas de cosas imposibles. ¿Por qué no tomar más en serio los conjuros de invocación?",[23] escribe Dana Gerhardt, quien se califica a sí misma de pagana y escribe una columna en la revista *Mountain Astrologer.*

En parte, la seducción que ejercen libros como los de *Harry Potter* consiste en que fomentan la "magia buena" como protección contra la "magia mala". Esto no es más que una cosmovisión neopagana. Me explico: La cosmovisión pagana ve el mundo como internamente conectado con una multitud de fuerzas invisibles o espíritus. Algunas de estas entidades residen en hábitats naturales como las montañas, los ríos y los prados. Algunas son traviesas; otras son malévolas. Unas pocas son espíritus de muertos. En este esquema, no hay una separación estricta entre el bien y el mal, sino que hay una tensión constante entre lo que nosotros vemos como bueno, y lo que vemos como malo. En esencia, esto permite que cada persona tenga su propia definición de lo que es bueno, y busque la protección de estos dioses o fuerzas, contra lo que él mismo ha definido como malo.

Esto está en una oposición total a la cosmovisión bíblica, que se centra en Dios, el creador sabio y bueno que permite el mal demoníaco a fin de que se produzca el bien mayor de la adoración voluntaria.

En el mundo pagano se presenta al bien y al mal en plan de igualdad. En la Biblia no existe ese equilibrio. El bien de Dios terminará triunfando sobre todo mal. Satanás no tiene la menor posibilidad. Sin embargo, si no nos cuidamos, la cosmovisión pagana puede afectar incluso a los que somos cristianos.

La Biblia es muy clara en cuanto a la opinión de Dios sobre los que enseñan paganismo (y por extensión lógica, neopaganismo):

> ¡Ay de los que a lo malo dicen bueno, y a lo bueno malo;
> que hacen de la luz tinieblas, y de las tinieblas luz...!
>
> —ISAÍAS 5:20

Marilyn Manson y compañía

En la industria del espectáculo se pueden encontrar también muchos portales ampliamente abiertos al ámbito de la fantasía. *Pokemón* y *Harry Potter* son buenos ejemplos, pero hay mucho más. Basta observar de cerca la música, los juegos de video y las películas para descubrir lo mucho que está obrando Satanás. No sólo hallamos que enseñan brujería, sino que vemos la violencia convertida en algo atractivo.

Otros escritores cristianos han puesto al descubierto los claros lazos que hay con las enseñanzas ocultistas en los cantos de grupos como Black Sabbath, Metallica y tantos otros. Por consiguiente, en este libro no voy a entrar en detalles acerca de la música.

Sin embargo, muchas personas se preguntan cuánta influencia ha tenido la macabra música de Marilyn Manson y otros en nuestra sociedad. Algunos de los estudiantes de Columbine afirman que entre otras cosas, la letra de los cantos de Manson inspiró a los asaltantes Eric Harris y Dylan Klebold.[24] Al mismo tiempo que hablaba de su compasión por las víctimas de Columbine y sus familias, Manson también hizo comentarios como éste: "Tomo el papel de anticristo. Voy a espantar a los Estados Unidos, y con todo derecho".[25] Como es comprensible, los líderes de la comunidad y de las iglesias locales no quisieron que Manson diera un concierto en Denver. "No estamos diciendo que él haya causado lo de Columbine, pero sí decimos que legitima y fomenta este tipo de conducta", dijo Jason Janz, pastor de jóvenes en Colorado.[26]

La industria cinematográfica, tal como indiqué en el primer capítulo, también divulga ideas ocultistas. Sólo tenemos que mirar las populares películas *Blair Witch Project, Book of Shadows* y *Practical Magic*. De hecho, están programadas para estrenar a fines de este año (2001) las películas *Witchcraft* y *Harry Potter and the Sorcerer's Stone*. Este tipo de películas puede fomentar las actividades ocultistas, y también puede sembrar semillas de violencia. ¿Sabía usted que el actor Christian Slater apareció en una película en la cual usaba una gabardina negra, y llenó de explosivos las gradas del gimnasio escolar para vengarse de las personas "populares" en la escuela? De igual manera, sólo que esta vez en la vida real, los asesinos de Columbine usaron ambos gabardinas negras, y mucha gente cree que parte de su motivación fue vengarse de los atletas y de los que formaban "el grupo popular".

Debemos estar vigilantes con respecto a lo que ven nuestros hijos. El hecho de que las películas tengan una clasificación no aleja a los jovencitos que aún no tienen edad para verlas. El periódico *Gazette* de Colorado Springs envió a una reportera que aún no tenía la edad permitida a varias salas de cine de la ciudad para ver si la admitían o no a una película sólo para adultos. Ni una sola vez le negaron la entrada.[27]

Lo curioso de todo esto es que me puse en fila en un cine de Colorado Springs para observar mientras vendían las entradas. Estaba lo suficientemente cerca para oír cuando las personas decían la película que querían ver. Dos jovencitas obviamente por debajo de la edad permitida compraron entradas para una película sólo para adultos, sin que la cajera pestañara siquiera.

Los videos y la violencia

No es posible recorrer la sección de videos de una tienda sin tener una de esas experiencias que abren los ojos. Las encuestas han llegado a la conclusión de que, en estos momentos, el noventa por ciento de las casas estadounidenses donde hay niños han alquilado o poseen un juego de video para computadora.[28] Alrededor de la tercera parte de los cien juegos de video más vendidos tienen un contenido violento.[29] Muchos de ellos tienen un tema ocultista.

¿Dónde nos está llevando esto ya? Volvamos el reloj al 20 de abril de 1999 y visitemos de nuevo el escenario del peor de los casos: la masacre de Columbine, en Littleton, Colorado. Aunque digamos que no se puede probar que el ocultismo tuvo algo que ver con los disparos, existen algunos lazos fuertes. Una de las mayores advertencias de peligro es un juego de video llamado "Doom" que, según se ha informado, jugaban Eric Harris y Dylan Klebold.

Según el escritor cristiano Bob Larson, seis personas que han participados en tiroteos en escuelas han jugado este juego de muerte.[30] Aunque no todos los jovencitos que juegan a "Doom" terminan en el ocultismo, es un juego tan malvado, que es necesario que se nos advierta. Jugar este tipo de juegos abre a las personas a la opresión demoníaca.

Todo lo que hay que hacer para saber que el juego de video "Doom" es una maquinaria mortífera que abre puertas demoníacas, es leer el paquete y las instrucciones. En el frente de la caja se proclama osadamente: "Thy Flesh Consumed" ["Consumida tu carne"]. Las instrucciones de "Doom" están repletas de palabras vulgares y de demonios. Para sobrevivir, todo lo que hace falta es un instinto asesino. Una de las imágenes que hay en la caja es la misma que aparece en el sitio de web de Eric Harris, uno de los asesinos de Columbine.[31]

Muchos comentaristas de los noticieros están buscando las posibles respuestas a la racha presente de tiroteos en las escuelas. Hasta la fecha se han producido dieciséis en los Estados Unidos y uno en Taber, Alberta, Canadá. Que yo sepa, ninguno de estos comentaristas seculares ha señalado al ámbito demoníaco como posible respuesta. En cambio, Billy Graham les dijo a sus oyentes después del tiroteo de Columbine: "Tenemos demonios en nuestro mundo. Los vimos en la escuela secundaria de Columbine hace poco. Y la Biblia nos dice que el diablo es un ladrón y salteador, que ha venido a matar y destruir".[32]

¿Cómo es posible que unos jóvenes buenos crezcan para convertirse en asesinos en masa? Hay una fuerte correlación entre estos tiroteos en las escuelas y los juegos de video ocultistas. Si pudiéramos ver con mayor profundidad, lo más probable es que también encontráramos conexiones con otras influencias ocultistas. Ya no se trata de un juego de niños. Nuestros jóvenes se están matando entre sí.

Cuando alguien juega con juegos de video violento, se insensibiliza ante la realidad. En los juegos se mata a alguien, y después vuelve a estar vivo al comenzar el próximo juego. En la vida real no sucede así. Las fronteras que separan a la fantasía de la realidad se han vuelto borrosas en la mente de muchos jugadores. Yo creo que este matar por medio de la fantasía les abre la puerta a los jugadores a las influencias demoníacas una y otra vez.

El hecho de que las matanzas en el ámbito de la fantasía borren unos límites puestos por Dios que nos detienen para que no tomemos la vida de nadie arbitrariamente, es algo bien conocido para los militares de los Estados Unidos. Cito de nuevo a Bob Larson:

La psicología que hay tras de los juegos de video no fue desarrollada por la industria de los juegos. Fue urdida por los militares como un medio más eficaz de hacer que los soldados maten a pesar de sus inhibiciones naturales. Después de la Segunda Guerra Mundial, al Pentágono le preocupaba que sólo el veinte por ciento de los soldados enviados al frente hubieran disparado realmente sus armas. Al llegar la guerra de Vietnam, esta proporción había aumentado al noventa y cinco por ciento. ¿La razón? Se usaban simuladores para insensibilizar a los soldados, de tal manera que dispararles a seres humanos les llegara a parecer más "normal".[33]

No estoy incluyendo esto como crítica a los militares por el uso legítimo de juegos de video en el entrenamiento. Eso es algo muy distinto a que los jovencitos se entretengan por medio de fantasías violentas y demoníacas.

Normas para los padres

Los padres saben que no podemos confiar en que la sociedad vigile a nuestros jovencitos. Tenemos que ser nosotros los que estemos vigilantes en cuanto al lugar donde pasan sus tiempos libres. Los padres que dejan a sus hijos en un centro comercial para que se pasen allí siete u ocho horas seguidas, se sorprenderían ante lo que están haciendo.

Comprendo que las cosas se pueden volver bastante complicadas cuando nuestros hijos llegan a la adolescencia, puesto que yo crié a dos. Pero quiero hacer unas cuantas sugerencias. Tanto si sus hijos son adolescentes, como si no lo son, usted sigue teniendo derecho a saber lo que hacen en su cuarto. Los adolescentes que no tienen nada que esconder, no cierran con llave la puerta de su cuarto, ni se andan con misterios. Por supuesto, están creciendo y quieren que se respete su intimidad. No es esto de lo que estoy hablando. No creo que se les deba permitir a los adolescentes que mantengan cerrado con llave su cuarto mientras están fuera de la casa. Lo más probable es que estén escondiendo algo, si quieren hacer esto. Mientras sea usted quien corra con los gastos de la casa, y ellos vivan en la casa de usted, tiene todo derecho a conocer sus actividades.

He aquí algunas señales de advertencia sobre adolescentes en problemas:

- Conducta beligerante.
- Cambios extremos en la manera de vestir. (No estoy hablando sólo de los pantalones anchos y las camisetas. Esto es simplemente cosa de jovencitos). Me refiero al uso de ropa negra, uñas y creyón de labios negros. (Sí, hay algunos varones también que usan creyón de labios negro).
- Lectura de literatura ocultista.
- Exhibición de carteles y materiales violentos.
- Escuchar a grupos de rock ocultistas, como Marilyn Manson y Metallica.

Tal vez usted no esté familiarizado con las técnicas llamadas "tough love" ["amor fuerte"]. Es cuando se interviene por medio de medidas drásticas. Cassie Bernall fue una joven cristiana que murió mártir en Columbine. Hubo un tiempo en que Cassie estuvo enredada en la brujería y el ocultismo. Sus padres le aplicaron el amor fuerte y la hicieron arrancar los carteles que tenía en el cuarto, tirar a la basura los CDs ofensivos y deshacerse de los videos que animaran a la violencia. También la hicieron ir a la iglesia. Como consecuencia, ella le entregó su vida al Señor, y está en el cielo hoy.

Estoy consciente de que no todas las historias terminan tan bien cuando intervienen los padres, pero aun así, no se debe desalentar cuando vea que debe intervenir. Si hay en su casa un adolescente que tiene estos carteles violentos, quítelos. Hágalo con su hijo o hija presente, si él o ella quiere participar. Si se encoleriza y arma una discusión, lo cual es muy probable, y si tiene más de dieciocho años, dele a escoger entre quitar esas cosas y mudarse a otro lugar donde tendrá que pagar sus propias cuentas.

Si los está criando solo, o sola, a sus hijos, y especialmente si usted es mujer, le sugiero que tenga alguien con usted, en caso de que se produzca una reacción violenta. Los adolescentes que están metidos en el ocultismo se pueden volver violentos. También sería bueno que alguien estuviera orando por usted para atar a los poderes de las tinieblas que están operando en su casa y en el cuarto de su hijo o hija.

Creo que es bueno que recordemos en este momento la advertencia bíblica:

Para que Satanás no gane ventaja alguna sobre nosotros; pues no ignoramos sus maquinaciones" (2 Corintios 2:11).

El autor cristiano Berit Kjos tiene unos cuantos consejos útiles para enseñarles a sus hijos la forma de resistirse al engaño:

- CONOCER AL DIOS VERDADERO. Cuando los niños conocen a Dios tal como Él se ha revelado en su Palabra, son capaces de reconocer las falsificaciones destinadas a engañarlos.
- EVITAR A OTROS DIOSES. Es tentador creer las atractivas voces que exhiben seductoras falsificaciones de todas las maravillosas promesas de Dios. *El poder está dentro de ti,* les dicen. Que no escuchen esas mentiras, sino que se tomen muy en serio esta grave advertencia:

> Cuando entres a la tierra que Jehová tu Dios te da, no aprenderás a hacer según las abominaciones de aquellas naciones. No sea hallado en ti... quien practique adivinación, ni agorero, ni sortílego, ni hechicero, ni encantador, ni adivino, ni mago, ni quien consulte a los muertos. Porque es abominación para con Jehová cualquiera que hace estas cosas (Deuteronomio 18:9-12).

Todas "estas cosas" están presentes en los libros de *Harry Potter.* Esas historias son tan espirituales como la literatura cristiana, pero el poder espiritual que promueven procede de otros dioses. Si es que usted valora la verdad de Dios, ¿puedo exhortar a sus hijos a que no lean esos libros?[34]

Padres, los exhorto a no dejarse intimidar por la tolerante cultura del día presente. Ser intolerante con la maldad no es algo malo, sino bueno. Además, no le tengan miedo a un poco de persecución. Necesitamos aprender a ser sal y luz en medio de un mundo en decadencia. La sal quema a veces cuando se aplica a una herida, pero produce sanidad.

Además, si se encuentran en una iglesia junto a los padres de otros niños pequeños, ¿por qué no forman un grupo de oración para interceder mutuamente por sus familias? Mi esposo Mike y yo formamos un pacto de ayuno en 1993 con nuestros buenos amigos Luis y Doris

Bush. Acordamos ayunar y orar todos los miércoles, cada pareja por los hijos de la otra. Años más tarde, nos reunimos para regocijarnos con todas las respuestas a la oración que hemos visto en la vida de nuestros hijos, cada uno de los cuales ha decidido caminar con el Señor. Seguimos teniendo estos ayunos hasta el día de hoy.

Si usted está teniendo que tratar con un jovencito "en peligro", envuelto en el tipo de conducta que he descrito, le recomiendo el excelente libro *Kids Killing Kids* ["Niños que matan niños"] (Charisma House), de Linda Mintle.

En este capítulo hemos visto cómo los juegos, los libros, la televisión, la música y los videos atraen a los jovencitos a un mundo de ocultismo y violencia. Una vez que hayan participado en un juego de representación de papeles, el siguiente paso consiste en aventurarse en el mundo de la brujería abierta. De esto hablaremos en el próximo capítulo.

Capítulo 4

La bruja de al lado

¿Qué piensa usted cuando se imagina a un brujo? ¿Alguien vestido completamente de negro, tal vez con pintura negra en las uñas también? ¿Una persona que guarda pedazos de animales en el refrigerador para sus conjuros? ¿Es la malvada Bruja del Oeste, que cabalga sobre una escoba y se burla de la gente con una diabólica risa? Si ésa es su idea de lo que es un brujo, mejor que lo piense de nuevo.

Los brujos de hoy se ha creado una nueva imagen: Nos quieren hacer creer que son personas amables y sanas, y que sus actividades son buenas. Utilizando las mejores técnicas de mercadeo de Madison Avenue, han hecho un buen trabajo en cuanto a cambiar la idea que el público tiene de ellos.

En muchas publicaciones podemos notar la infiltración y la cara nueva que se le está dando a este viejo oficio. He aquí un ejemplo:

> Parte del gran interés de los adolescentes (en la brujería) tiene que ver sin duda con las tradiciones de los brujos...
> La realidad es que la brujería, o wicca, nombre con el que se la conoce hoy en día cada vez más, es una religión pequeña, pero en crecimiento, enraizada en tradiciones paganas, y tiene poco en común con la brujería de las tradiciones populares. La wicca no tiene absolutamente nada que ver con Satanás, con hacerles daño a otras personas, o con ningún tipo de maldad. Hay varios libros buenos a disposición de los que quieran entrar en la brujería y acudan a nuestra biblioteca. El más esencial es el que lleva el adecuado título de *Teen Witch* ["Bruja adolescente"].[1]

¿Cuál es la fuente de esta cita? Tal vez usted se imagine que es una publicación wiccan. ¡De ninguna manera! Procede del *School Library Journal*, y fue escrito por uno de los principales bibliotecarios de la Biblioteca Pública de Nueva York que conecta las bibliotecas con los proyectos escolares en Staten Island. No es difícil imaginarse que está usando una publicación periódica de las escuelas públicas para hacer proselitismo a favor de la religión wicca. Nunca me deja de asombrar el que la separación entre Iglesia y estado sólo afecte al cristianismo.

Llevar la wica al centro mismo de la sociedad

Hay toda una conjura en marcha; es una seria amenaza para las naciones de la tierra. Comprende una presentación agradable de la brujería para llevarla al centro mismo de la sociedad. Está atrapando en particular a nuestros jóvenes. Satanás ha hecho bien su labor, mientras la mayoría de los cristianos hemos estado dormidos. ¿Su propósito? Volver a implantar y restablecer la adoración de los dioses y diosas de la antigüedad. No se trata sólo de un fenómeno estadounidense. Desde Escandinavia hasta Alemania y América Latina, la brujería está echando raíces. Muchas veces se propaga bajo la excusa de "volver a nuestras raíces".

Una de las amenazas más peligrosas al primero de los Diez Mandamientos, "No tendrás dioses ajenos delante de mí" (Éxodo 20:3), no es la magia negra, sino lo que hoy se conoce como magia blanca, en particular la wicca.

En ese caso, ¿qué es esta wicca y en qué creen los wiccans? Para averiguar esto, hice el viaje de ojos bien abiertos del que hablo en el primer capítulo. Decidí ir a la fuente, en lugar de leer la interpretación de alguna otra persona. Quería ser lo suficientemente justo como para ver lo que escriben los wiccans sobre ellos mismos.

Antes de ir más profundo en este capítulo, sé que hay la posibilidad de que alguien que esté metido en la wicca abra este libro por curiosidad. En primer lugar, quiero decir que no creo que haya que matar a los brujos. Protegería a toda costa su derecho a la vida. Durante los tiempos llamados Tiempos de las quemas o de persecución se hicieron muchas cosas que no apruebo. Además, me entristecieron mucho cuanto estudié la historia de estos sucesos. Lamento muchísimo que se haya quemado y torturado a los brujos, además de hacerles daño de maneras que no se pueden ni mencionar durante la Inquisición, otra mancha negra en la historia. De hecho, a muchos cristianos verdaderos tampoco les fue muy bien durante este tiempo.

Matar a los brujos

Hay dos textos bíblicos que sirvieron de fundamento para matar a los brujos durante los tiempos de las quemas y los juicios a las brujas de Salem. El primer pasaje es Éxodo 22:18: "A la hechicera no dejarás que viva". En este capítulo del Éxodo también dice que los que tengan relaciones sexuales con animales, o les ofrezcan sacrificios a otros dioses, "morirán".

El segundo pasaje es Levítico 20:27, que ordena la pena de muerte para todo el que consulte a los espíritus de los muertos: "Y el hombre o la mujer que evocare espíritus de muertos o se entregare a la adivinación, ha de morir; serán apedreados; su sangre será sobre ellos".

Algunos brujos que han escrito acerca de aquellos tiempos creen que se mató a decenas de miles de mujeres que estaban usando hierbas y encantamientos. No sé los números exactos, pero ciertamente las muertes fueron muchas. Lo que sí sé es que muchos cristianos han sido quemados también en la hoguera junto con las brujas a lo largo de la historia.

¿Hechiceras o envenenadoras?

Algunos escritores wiccan han sugerido que este pasaje del Éxodo no ha sido bien traducido, y que las versiones más antiguas de la Biblia decían que no se le permitiera vivir a una envenenadora. Yo llamé a Gary Greig, un cristiano que es erudito en hebreo y griego, para que me investigara esto en los textos más antiguos. He aquí lo que me contestó por medio del correo electrónico:

> El término hebreo usado en Éxodo 22:18 (22:17 en el texto hebreo de este pasaje), *mejashefá*, se traduce como "hechicera". No hay forma de traducir el término hebreo como "envenenadora", porque entonces habría que traducir este término de igual forma en otros pasajes de la Biblia hebrea. Y es difícil traducir el mismo término, por ejemplo, en Daniel 2:2 como "envenenadoras". Es muy improbable que se llamara a las "envenenadoras" junto con los magos, hechiceros y astrólogos, para que interpretaran el sueño de Nabucodonosor.

La traducción "envenenadora" es una traducción posible para el término griego que usa la Septuaginta al traducir el término hebreo de Éxodo 22:18. La Septuaginta es la traducción griega de la Biblia hebrea llevada a cabo en los siglos II y III a.C. en Alejandría, Egipto. Aquí se tradujo el término hebreo con el vocablo griego *farmakós,* que se traduce como "mago" o "envenenador". El término griego que aparece en la traducción de la Septuaginta en Éxodo 22:18 no se puede traducir como "envenenadoras", porque el término hebreo original, *mejashefá,* no se puede traducir como "envenenadora" en la Biblia hebrea, tal como se ve por los ejemplos del uso del término hebreo en Daniel 2:2.

De esta manera queda aclarado que el pasaje de Levítico se refería a las hechiceras. Ahora bien, ¿significa esto que las debemos matar hoy?

¿Sentencia de muerte para los brujos?

En estos momentos, es probable que si está leyendo esto algún wiccan, esté pensando: *"¡Estupendo! Ya sabía yo que en realidad, lo que querían era empezar a matarnos de nuevo".* No es así. Este texto pertenece al Antiguo Testamento, y fue dado bajo ese pacto antiguo, antes de que Jesucristo pagara el precio por todos los pecados, incluyendo aquéllos que la ley condenaba con la muerte. Ésa es la razón de que Dios se envolviera en carne humana y viniera a la tierra. Su sangre cubre todo pecado, incluyendo el de hechicería. Por tanto, *no se debe matar a las hechiceras;* ellas se deben arrepentir y buscar la salvación en Jesucristo. Él es un Dios de amor. Los cristianos no queremos ver que se mate a ningún brujo hoy por practicar la brujería; tener esa actitud sería un serio error. Queremos ver que nacen de nuevo.

Aunque podemos denunciar las prácticas de hechicería, debemos tener el cuidado de amar a los que han estado envueltos en ellas. Los brujos son personas que necesitan la salvación por medio de Cristo, tanto como cualquier otro pecador.

Las creencias de los wiccans

¿Qué creen los wiccans? ¿Cómo se comparan sus prácticas con la Biblia? Veamos algunos puntos básicos.

A medida que he estudiado una serie de libros distintos y lugares de la internet acerca de diferentes formas de wicca, he llegado a la conclusión de que son muy diversas. Las prácticas de los wiccans van desde la actividad relativamente inocente de mirar a las estrellas con asombro, hasta cosas mucho más tenebrosas. Hay muchas ramas, y muchos que practican la magia y la brujería.

Los adolescentes son blanco favorito de los wiccans

Al entrevistar a estudiantes de secundaria de todo el país, he hallado que la mayoría de los que estudian en las escuelas públicas saben lo que es el paganismo. Los jóvenes de hoy que no son creyentes, son muy eclécticos en su sistema de creencias. No tienen ningún problema en juntar el cristianismo con las religiones, siempre que no interfiera con la adoración de muchos dioses y diosas.

De hecho, la escritora Silver RavenWolf dice esto en su libro *Teen Witch:*

> Tomaste este libro y te preguntabas: ¿Me podrá ayudar la brujería? Mi respuesta es que sí, por supuesto, pero no olvides que cualquier religión positiva (cristianismo, judaísmo, islam, hinduismo, budismo y demás) te puede dar el apoyo que necesitas en este momento de la vida. Cuando aprendas lo que es la brujería, descubrirás que la religión de wicca no es tan diferente a las estructuras espirituales que ya has experimentado.[2]

Los wiccans y Jesús

Esta manera de escribir toca las fibras del corazón de la mayoría de quienes no son creyentes. ¡Es tan tolerante! Parece fácil de creer, hasta que tropezamos con el texto en el que Jesús dice: "Yo soy el camino, y la verdad, y la vida; nadie viene al Padre, sino por mí" (Juan 14:6). Hasta he leído a un autor wiccan que sugiere que en realidad Jesús quiso decir que Él era *un* camino, y no *el* camino.

Estoy asombrada ante los que sugieren que Jesús sólo era un buen hombre, y no era Dios. Si Él no era quien decía ser, entonces era la persona más atrevida que haya vivido jamás. ¿A quién le importaría considerarlo más que como un mentiroso, si no era verdaderamente el Hijo de Dios?

Al estudiar la wicca, es importante que sepamos que los wiccans no adoran abiertamente a Satanás. Estudiaremos los satanistas en el capítulo cinco. Sin embargo, hay fuertes evidencias a favor de que el "dios con cuernos", llamado también "el señor", sea una reinvención de Satanás, aunque ellos no crean en él. Una posible definición de esta forma de brujería (y comprendamos que no todos los wiccans la aceptarían) es que "la brujería es una religión basada en la naturaleza, destinada a proclamar la vida, que sigue un código moral y trata de construir la armonía entre las personas y llenar de poder al yo y a los demás".[3]

El significado de la palabra "wicca"

Algunos wiccans le dirán que la palabra "wicca" significa "sabio". No obstante, en realidad sus raíces se remontan a la palabra antigua *wikke,* que significa "doblar o torcer".

El corazón de la wicca

Hay muchas diferencias grandes entre la wicca y el cristianismo. La wicca no es cristiana, y tampoco es una denominación, aunque existe actualmente una organización nacional llamada "The Covenant of the Goddesses" ["El pacto de las diosas"], que sirve para coordinar los esfuerzos de la comunidad wiccan.

Durante mi estudio, hallé que hay un buen número de wiccans que dicen: "Yo era cristiano". Muchos, si no son todos, parecen sentirse airados contra los cristianos. Consideran que el cristianismo es una sociedad de tipo patriarcal y muy legalista.

Un joven llamado Phil, quien estaba celebrando el solsticio de verano con un grupo wiccan en el sur de California, le dijo a un reportero que estaba investigando para un artículo en las revistas *Charisma* y *Vida Cristiana* que él se había marchado de la Iglesia Cuadrangular porque allí no le dejaban practicar sus capacidades psíquicas.[4] Por supuesto, la Iglesia Cuadrangular hizo lo que tenía que hacer, puesto que la Biblia afirma con toda claridad que Dios prohíbe la adivinación. En aquella misma reunión, una joven que había sido bautista le dijo al reportero que se había ido de la Iglesia porque los cristianos querían que dejara de fumar y porque no recibían a las madres solteras. Cuando el reportero le preguntó acerca de la forma en que ella entendía lo de que la "sangre de Jesús" cubría sus pecados, ella se volvió beligerante de repente y paró la entrevista.[5]

Hay también una buena cantidad de feministas que son wiccans, entre ellos dos de sus escritores más destacados, Z Budapest y Starhawk.

Una vez más quiero indicar que no todas sus acusaciones son falsas. Aunque no puedo aceptar la adoración de falsos dioses, y no la puedo disculpar, los cristianos necesitamos estar dispuestos a admitir que en ocasiones hemos sido malos representantes de un Dios amoroso. También necesitamos estar dispuestos a aceptar a todo tipo de personas en nuestro medio, como los que luchan con la costumbre de fumar y las madres solteras como la que encontró el reportero en la celebración del solsticio de verano.

Dioses femeninos y masculinos

Los wiccans creen en una diosa y un dios, y los adoran a ambos, tanto a la señora como a su señor. Creen que la señora fue creada primero por el espíritu. Ella buscaba un compañero que compartiera el mundo con ella, y el espíritu creó al señor para que fuera ese compañero. El señor es mitad humano y mitad animal. Juntos, poblaron el planeta. El señor, puesto que es amo del reino animal y el vegetal, tiene astas en la cabeza, que tiene el aspecto de la de un ciervo.

Según la wicca, fueron los dos, la diosa y el dios, quienes crearon la raza humana, pero esa raza necesitaba que la sanaran. Por eso crearon a los brujos, que producirían la sanidad por medio de la brujería. El señor y la señora fueron quienes les enseñaron a los brujos cómo hacer para lanzar un encantamiento, dibujar un círculo mágico y realizar otras prácticas ocultistas.

Al estudiar la adoración de la señora, he descubierto que tiene muchos rostros. Entre los nombres que se le da al adorarla, hay nombres como Isis, Kali, Lilith (o Lilitu), Astarté, Tanit y Diana. Es abrumador pensar que adoren a estas diosas, cuyas raíces son tan demoníacas.

Por ejemplo, a Kali se la suele representar con un collar hecho de calaveras humanas. Con frecuencia se la representa danzando sobre los cadáveres de sus amantes. Mi esposo Mike y yo hemos visto que en Nepal la adoran haciendo sacrificios de animales. Es una diosa de la muerte.

Tanit es una diosa fenicia. Bajo su reinado durante los siglos III y IV, disminuyeron los sacrificios de animales y se sacrificaron un gran número de niños pequeños en sus cultos.

Esto es particularmente perturbador cuando se tiene en cuenta la posición favorable al aborto de tantos wiccans. Aunque físicamente no estén sacrificando niños, el espíritu que ellos adoran sigue exigiendo sacrificios. En los Estados Unidos se han abortado hasta la fecha por lo menos treinta y ocho millones de niños. Esto ha hecho que el poder de esta diosa sedienta de sangre haya aumentado notablemente.

Es posible que haya oído hablar de Lilith por las giras musicales que han hecho en años recientes una serie de mujeres músicas famosas. Eso sí que es un avivamiento del paganismo. "Lilith es una figura sacada del folclore cabalístico hebreo, de la que se cree que fue la primera esposa de Adán, y quien devoraba vivos a sus propios hijos."[6]

Artemisa es el nombre de una diosa griega que también exigía sacrificios humanos. Es sorprendente que Diana, la diosa romana equivalente, sea una de las deidades más invocadas y amadas por los wiccans. Yo misma he visto la clase de mal propagado por este espíritu maligno en un viaje que hice a Éfeso. Esta diosa fomentaba la prostitución, y los sacrificios impíos. También era famosa por sus manifestaciones visibles.

Las raíces paganas de la wicca

Hace poco, volaba de vuelta a casa desde Washington, D. C., y trataba de estudiar un libro sobre la magia. Un joven se me sentó al lado y me preguntó dulcemente: "Oh, ¿es usted wiccan? Yo soy ateo, pero tengo un buen número de amigos que son wiccans". Después me dijo que el cristianismo es básicamente una religión nueva, y que sólo es una adaptación del paganismo. Ya he oído antes este tipo de propaganda, pero tal como lo han ido indicando mis estudios, tengo que decir que estoy en desacuerdo. El cristianismo, enraizado en el judaísmo, es algo totalmente distinto a todas las religiones del mundo.

No obstante, es cierto que los paganos lograron hacer un sincretismo entre sus creencias y las de la Iglesia, sobre todo en el arte. Se pueden hallar representaciones de dioses paganos talladas en madera y piedra en edificios de toda Europa, como el pórtico sur de la iglesia de Santa María de Whittlesford, en Cambridgeshire, o en la pared del priorato de Saint Ives, Huntingdonshore, Inglaterra.[7] Aquí se representó a la diosa de la fertilidad con unos atributos femeninos grandemente exagerados.

Una campaña wiccan de relaciones públicas

Fue en los Estados Unidos donde la wicca se formalizó, adaptando una especie de sistema central de creencias, durante la Reunión de brujos que se celebró en la primavera de 1974 en Minneapolis, Minnesota. Los wiccans recibieron plena aceptación social en 1994, cuando fueron invitados a convertirse en miembros de la conferencia del Parlamento mundial de religiones, en Chicago. Hoy hay quienes afirman que la wicca es la religión que crece con mayor rapidez en los Estados Unidos. Esto podría ser cierto con respecto a ciertas edades, como los jóvenes o los pertenecientes a la generación "X". De hecho, el Pacto de las diosas ha lanzado una campaña de relaciones públicas para darle nueva forma a la imagen de las brujas. Por todo el país, los wiccans de la localidad han acudido a los reporteros de asuntos religiosos queriendo darles su versión de la historia y, en su mayoría, estos reporteros han escrito artículos positivos acerca de la wicca y de los brujos.[8]

El libro de las sombras

En lugar de tener una Biblia, los wiccans mantienen un libro personal llamado *Libro de las Sombras* ("Book of Shadows", BOS), llamado también "grimoire" ("colección de horrores"). En él copian a mano sus conjuros, reglas mágicas y otras cosas, como la herbología. Se le dio el nombre de *Libro de las Sombras* cuando los brujos se tenían que reunir en secreto.

Una de las primeras personas que tuvieron un *Libro de las Sombras*, fue Gerald Gardner, un hombre que ha sido llamado "el gran anciano de la brujería inglesa". Gardner vivió en la isla de Man, donde escribió dos libros que son fundamento de gran parte de las creencias wiccans de hoy. En 1951, cuando los ingleses rescindieron el Acta de brujería de 1735, que prohibía las prácticas ocultistas, sus obras hallaron una puerta abierta.

¿Satanás o Lucifer?

A los wiccans se les enseña que Satanás es un mito bíblico, y una calumnia contra el verdadero dios de la luz, que es Lucifer. Un antiguo wiccan dice que les gusta citar a la Dra. Margaret Murray y decir: "Los dioses de la vieja religión se convirtieron en los diablos de la nueva".[9] Murray estuvo, junto con Gardner, entre los primeros líderes de la wicca. No obstante, me parece muy interesante que adoren a un dios masculino llamado Lucifer, del cual la Biblia dice con claridad que cayó del cielo porque quería ser como Dios. Aunque los wiccans nieguen obstinadamente que Lucifer y Satanás sean el mismo ser, tal parece sencillamente, que el dios de este siglo ha hallado gente que lo adore de una forma diferente.

La reencarnación

Uno de los principios doctrinales básicos de los wiccans es la reencarnación. Muchos wiccans creen que si una persona cosas malas, libera un karma negativo; por eso, tendrá que regresar para comenzar de nuevo. "Karma" es una palabra del sánscrito que significa básicamente que cuanto uno hace, regresa a uno.[10] Cuando una persona hace cosas malas, no está pecando, sino que tiene un mal karma. Por tanto, necesita regresar a vivir de nuevo, y en una situación en la que aprenda a ser una persona mejor. Por ejemplo, un rico que atormenta a los pobres, podría regresar como limosnero.

Las personas que siguen este sistema de creencias sostienen que pueden recordar sus vidas pasadas por medio de la hipnosis o la adivinación. Hay quienes creen que tienen que regresar bajo todos y cada uno de los signos del zodíaco para aprender una lección diferente cada vez.

El cielo y el infierno

En el sistema de creencias wiccan no hay cielo ni infierno; sólo la Tierra de verano ("Summerland"). Desde allí la persona regresa para nacer de nuevo y aprender las lecciones que necesita en la vida. Un día encendí la televisión para ver un programa muy popular llamado *Hércules*. Los personajes estaban hablando de que habían matado a su esposa, y él había ido a verla a la Tierra de verano. (Dicho sea de paso, hubo un tiempo en que se adoraba realmente a Hércules. Hay un castillo dedicado a su adoración ante las costas del sur de España, donde los emperadores iban a adorarlo). El dios con cuernos de la muerte es el que reina en la Tierra de verano. Se puede señalar que, a un nivel espiritual, es Satanás el que se halla detrás del dios con cuernos, aunque los wiccans nunca reconocerían esto.

La gente tal vez no le llame Tierra de verano, pero esta idea de que todo el mundo va a un lugar mejor "al otro lado" es muy corriente hoy, no sólo entre los wiccans, sino en toda la sociedad.

Un brebaje de brujas y otros conjuros

El uso de hierbas es parte importante de los encantamientos hechos por los wiccans. Los usan para sanar de diversas enfermedades. Los nombres extraños de los ingredientes de los que se suele pensar que formaban parte de un brebaje de brujas, en realidad eran los nombres populares de las hierbas. He aquí algunas de las hierbas mágicas y para qué se usan:

* Huevos: Para sanar, quitar la negatividad, dar fertilidad.
* Escarola: Lujuria y amor.
* Ajo: Protección, curación, exorcismo, lujuria, contra ladrones y alivio de las pesadillas.[11]

Entre los otros tipos de magia se halla la magia de los colores, que funciona cuando las vibraciones de los diferente colores afectan al cuerpo. He aquí algunos colores, y la forma en que se usan en magia:

* Negro: Devolver al que lo envió, adivinación, trabajo negativo y protección.
* Morado oscuro: Usado para convocar el poder de los antiguos; sigilos/runas (un tipo de adivinación a partir del alfabeto de la magia).
* Verde menta: Ganancias financieras (usado con oro y/o plata).[12]

Algunos brujos sólo usan el color plateado, porque creen que el oro es un metal cristiano, y no es para ellos. Esto no significa que los cristianos tengamos que reaccionar tan excesivamente, que decidamos no usar la plata. Se trata de un metal creado por Dios. Podemos usar todos los colores. No nos debemos restringir, sólo porque los brujos, o cualquier otra persona, se identifiquen con un color determinado.

El poder de los conjuros

Los brujos usan conjuros o encantamientos para detener los sangramientos, las enfermedades, las dolencias y cosas como las verrugas. El escritor Chuck Pierce cuenta que fue a visitar a una bruja cuando tenía unos dieciocho años, ésta pronunció unas palabras sobre las verrugas y los lunares que tenía en un brazo, y desaparecieron todos. Aquí hay un poder que es real, pero basado en lo oculto. Este incidente lo recordó muchos años más tarde, cuando pasaba por un momento de gran guerra espiritual, y se dio cuenta de que era una puerta abierta a los ataques demoníacos en su vida. Renunció a lo que había hecho y así, por el poder de la sangre de Jesús, le cerró la puerta al enemigo.

Los conjuros malignos

Una de las formas de magia sanadora cuya popularidad es creciente, es la llamada magia Powwow, conocida también como magia de los conjuros malignos. Abunda en Pennsylvania y se cree que proceda de la Selva Negra, en Alemania. Según los escritores sobre brujería, lo más probable es que Pennsylvania fuera unos de los puntos de entrada de la hechicería en los Estados Unidos, y allí se mezcló con la hechicería de los indios. Aún ahora, en las fechas en que escribo, los brujos consideran al estado de Pennsylvania como un "avalón", o refugio para brujos.

La brujería se asentó en lo que hoy se conoce como las comunidades holandesas de Pennsylvania. A pesar del nombre, sus habitantes no son de origen holandés. La palabra "holandés" inglesa ("Dutch") era originalmente "Deutschland", el nombre de Alemania en su propio idioma. Es cierto que en la comunidad holandesa de Pennsylvania hay muchas personas que aman a Jesús. La magia powwow y estos símbolos de conjuros son claros ejemplos de la forma en que algunos cristianos han terminado, muchas veces sin darse cuenta, permitiendo elementos ocultistas en su vida.

Los efectos de la magia powwow se han abierto paso dentro de las tradiciones de los Amish con el uso de los símbolos de conjuros. En algunas zonas de Pennsylvania se pueden ver aún estos símbolos artísticamente reproducidos en los graneros y en algunas casas. Originalmente, tenían el propósito de acarrearle buena suerte o una cosecha abundante al propietario. Hay quienes alegan que estos símbolos no son más que manifestaciones del arte folclórico, pero está claro que se usaban para apaciguar a los espíritus y alejar el mal, de la misma forma que se tallaron gárgolas en piedra en algunas catedrales europeas.

Hoy en día, estos símbolos se han convertido en artículos buscados por los coleccionistas en las tiendas de campo de Pennsylvania y en la misma internet. Si alguna vez ha llevado uno a su casa, lo debe destruir. Los cristianos no necesitan símbolos de conjuros.

La magia powwow

La magia powwow tiene sus raíces en muchas tradiciones de superstición y de magia. Al parecer, hay algunas prácticas de powwow que se asemejan a las de la nigromancia egipcia, y tal vez hayan sido sacadas de los libros secretos sexto y séptimo de Moisés. Los doctores de la magia powwow consideran a Moisés como un famoso mago, más que como profeta. Este tipo de magia se usaba de una manera como ésta: Si la persona se hería, pronunciaba un conjuro, usando un encantamiento secreto sacado de los libros de Moisés, para detener la hemorragia.

Yo me enteré de que existía la magia powwow mientras estaba ministrando con C. Peter Wagner en una iglesia de Pennsylvania. Cuando pregunté cuántos de los presentes sabían de parientes suyos que practicaban esta forma de ocultismo, me sorprendí al ver cuántas manos se alzaron. Este tipo de magia se ha estado infiltrando durante años en diversas denominaciones evangélicas de Pennsylvania. Es triste, porque Dios visita los pecados de los padres en los hijos hasta la tercera y cuarta generación (vea Éxodo 20:5).

Dicho sea de paso, C. Peter Wagner y yo supimos que algunos brujos habían descubierto que nosotros íbamos a Pennsylvania, y estaban nerviosos por el daño que le haría al reino demoníaco nuestro ministerio de enseñanza sobre la guerra espiritual. Un líder de una de las iglesias acertó a oír a varios de ellos mientras hablaban en una tienda local. Nos llamaban por nuestro nombre y decían que habían enviado mensajes por correo electrónico para que lanzaran más maldiciones sobre nosotros y nuestras reuniones. Al parecer, los conjuros no funcionaros, porque Dios nos dio unas reuniones muy poderosas durante nuestra estancia allí. ¡Estamos seguros de que Aquél que es mayor es el que vive en nosotros!

Durante los tiempos de persecución, como ellos los llaman (los tiempos de los juicios a las brujas de Salem), las brujas se escondieron en la Iglesia cristiana para sobrevivir. Esto lo hicieron casándose con hombres cristianos, pero guardando sus propias formas de hacer el powwow. Estando ellas en la Iglesia, esta forma de magia entró en sincretismo con el cristianismo por medio de una mezcla de textos bíblicos y conjuros.

Los juicios a las brujas de Salem

En este momento debo decir algo acerca de los juicios de Salem. Todos hemos oído decir que se les dio caza a las brujas y se las quemó en la hoguera hasta que un predicador llamado Increase Mather y otros acabaron con aquello. Con frecuencia, los wiccans de hoy usan estos juicios seguidos a las brujas como motivo de unión entre ellos. Aunque no está claro cuántas fueron las brujas que mataron en aquellos tiempos, sí está claro que también mataron a algunas cristianas que habían sido falsamente acusadas de ser brujas. (No obstante, estoy segura de que estos juicios pusieron muy nerviosas a las verdaderas brujas de Salem).

Los aquelarres

Aunque no voy a entrar en grandes detalles acerca de los momentos en que tienen sus cultos los brujos, sí voy a incluir unos cuantos datos. Comencemos por el equivalente a una célula entre los brujos, que recibe el nombre de aquelarre. Por lo general, consta de trece miembros, aunque esta norma no es absoluta. La mayor preocupación de los miembros es la dinámica espiritual del grupo; lo que probablemente llamen "energía". Los antiguos wiccans me dicen que los miembros de un aquelarre insisten en la necesidad de estar unánimes. *¡Eso sí es una clara falsificación del Salmo 133:1!*

Uno de los símbolos más sagrados para los wiccans es el pentagrama. No es el mismo que el pentagrama con las puntas hacia arriba que usan los satanistas. Los wiccans considerarían esta inversión tan mala como le parecería a un cristiano una cruz invertida.

La magia mala

Los wiccans insisten en que si hacen magia mala, o negra, les cae encima a ellos. Su refrán dice: *Cuídate siempre de la regla de tres; lo que des volverá donde estés.* Por tanto, técnicamente, sólo hacen encantamientos buenos. Sin embargo, algunos wiccans creen en el poder de las maldiciones, tal como está escrito en el libro *American Folk Magick* ["Magick folclórica americana"]. Una de las maldiciones se llama "Ponlo en una jarra". Le indica al wiccan que ponga tres nombres herrumbrosos en una jarra con orine, cortes de uñas o un mechón de pelo. Después de esto, se entona un encantamiento que maldice a una persona por su nombre y le ordena encontrarse con el mal,[13] y sufrir la maldición enviada por el wiccan.[14]

Los ritos de los wiccans

Unos aquelarres tienen sus reuniones o *esbats* en luna nueva, mientras que otros se reúnen semanalmente, o dos veces al mes. Durante estas reuniones, los brujos forman un círculo mágico que es como su Iglesia o lugar santo. Al trazar el círculo se entonan cantos para consagrarlo como "suelo santo". Se traza el círculo usando un instrumento mágico; una espada a la que se le da el nombre de *athame*.

Muchos brujos hacen sus trabajos desnudos, o "vestidos con el cielo" (cubiertos sólo por el firmamento). En teoría, hacen esto para atraer más energía hacia sí. En la mayoría de los aquelarres de Europa, hacen sus trabajos "vestidos con el cielo", pero en los Estados Unidos, tal vez para nuestra sorpresa, una buena cantidad prefieren usar batas, al menos durante las ceremonias públicas.[15]

Los wiccans y el sexo

Aunque la mayoría de los grupos de wiccans insistan en que ellos no celebran orgías sexuales, el sexo forma parte de las ceremonias para muchos de los que están en la wicca. En el libro de Ray Buckland llamado *Witchcraft on the Inside* ["La brujería por dentro"] hay una sección llamada "Magia sexual":

> Ésta es una de las formas más poderosas de magick, porque aquí nos estamos relacionando con gran parte de las fuerzas vitales. Obviamente, el acto sexual es la mejor forma posible y la más natural de generar el poder que necesitamos para la magick.[16]

Por supuesto tanto Buckland como los demás brujos que practican esto le dirían de inmediato que no se debe forzar a nadie a usar este tipo de magia. No creo que le tenga que explicar a ningún cristiano por qué ciertamente este tipo de conducta no tiene nada de santo ni de justo.

Hasta el libro *Teen Witch,* que es más benigno, dice esto sobre los actos sexuales:

> Los brujos creemos que tener sexo con otra persona no es "una cosa mala", aunque sí sentimos que los actos e intereses sexuales conllevan una fuerte responsabilidad.[17]

Claro, esto atrae a los jóvenes que no creen que las relaciones sexuales se deban producir sólo dentro de los confines bíblicos del matrimonio heterosexual. Es fácil darse cuenta de lo peligrosa que es para nuestros jóvenes esta manera wiccan de pensar. Éxodo 20:14 dice: "No cometerás adulterio".

Los que creen en la adoración de dioses con diversos nombres, también adquieren los sistemas de creencias de aquéllos a quienes adoran. Sin embargo, hay una cosa que no comprenden, y es que el Dios Altísimo es quien dicta las reglas. Tal vez no nos agraden, pero eso no importa. Él es Dios, y eso es todo. Tal vez no nos guste el hecho de que en nuestra calle haya un semáforo que la ley nos obliga a respetar, pero si nos saltamos ese semáforo, pagaremos las consecuencias. Los actos sexuales fuera de la relación matrimonial son pecados.

Los cambios de forma

Los brujos tienen familiares (espíritus demoníacos) que son diversos tipos de animales. Una vez que un brujo decide cuál animal va a ser su familiar, se ata a él por medio de algo que se llama "cambio de forma". Esto lo hace la persona poniendo las manos directamente sobre la cabeza del animal, y pasando lentamente su mente consciente al interior del cuerpo del animal.[18]

El cambio de forma también se ha introducido hasta llegar al nivel de la escuela primaria, con el concepto de los *anamorfos*. En las librerías hay todo tipo de libros de ficción donde se habla de niños que se vuelven águilas y otros tipos de animales. Esto es sumamente peligroso. Hay diversos tipos de tribus indias que practican el cambio de forma, convirtiéndose en lobos y otros animales.

Los tecnopaganos

Hoy en día hay muchas clases de paganos. Una de sus ramas está llena de mentes científicas jóvenes y brillantes, por lo que se les ha dado el apodo de "tecnopaganos". Han diseñado juegos, que se hallan en nuestras tiendas de videos y de juguetes, y que están llenos de ocultismo. Los padres, sin saber lo que está pasando, los compran para sus hijos. Estos juegos se burlan de los fundamentalistas y son atrevidos en su exhibición de la brujería.

La magia folclórica

Hay escritores de brujería que se especializan en la llamada "Brujería verde", compuesta por magia folclórica, leyendas de hadas y artes de hierbas. Hay magias de todos los colores, desde el rojo hasta el negro.

El movimiento de la diosa

Ciertas ramas de la wicca sólo adoran a la diosa. Estas brujas son prolíficas escritoras feministas. Vaya a una librería local y verá filas enteras de libros sobre el movimiento de la diosa. Proclaman atrevidamente que dios es un ser femenino. Según Z Budapest, una popular escritora wiccan, la energía femenina pura que se genera en estos círculos nos enseña que las mujeres estamos completas y somos poderosas sin los hombres. Después dice que no hay nada desequilibrado y que las mujeres son sanadas.[19]

Dicen que algunas de estas escritoras fueron criadas en hogares considerados como cristianos. Muchas de ellas sufrieron malos tratos a manos de líderes cristianos varones, y consideran que hay un sistema patriarcal en nuestras iglesias. Oremos para que Dios las restaure y le den al único Dios viviente la verdadera adoración que sólo Él merece.

Pongamos al descubierto la perversidad de la wicca

Según diversos escritores wiccans, los adolescentes son el futuro de la brujería. Satanás es astuto y sabe que se acerca un grandioso avivamiento. Aunque no queremos ser perseguidores de brujas, debemos alertar a nuestros niños y jóvenes contra esta fuente de engaño que está creciendo con tanta rapidez. Para hacer esto, necesitamos mantenernos informados. El que escondamos la cabeza en la arena no va a hacer que desaparezca el paganismo.

No debemos estar ignorantes de este instrumento de Satanás para lograr que la idolatría abierta se implante en nuestras naciones y en el corazón de las generaciones futuras. Por tanto, debemos estar preparados para responderles. Tal como dije en el capítulo dos, la adivinación, la astrología y las demás artes ocultas están estrictamente prohibidas en las Escrituras. Son abominación para Dios. Los que hacen estas cosas serán ignorantes y podrán estar realmente engañados, pero esto no hace que su práctica sea algo correcto.

No tengo deseo alguno de que los cristianos persigan a los brujos, les griten, les hagan daño a sus hogares o cometan algún tipo de violencia contra ellos. Nunca debemos ni pensar siquiera en este tipo de actuación. Nada de esto nos asemejaría a Cristo. Sin embargo, la wicca es un fuerte engaño, y es necesario ponerla al descubierto. Esto es algo difícil, y he dedicado mucho tiempo a orar y batallar sobre esto en el corazón. Quiero ver a los wiccans nacer de nuevo, y si le ven al cristianismo un rostro airado y malévolo, todo lo que harán será alejarse de él.

Así que, si su vecino de al lado es brujo, ore para lanzar bendiciones sobre él (o ella). A nosotros se nos ordena bendecir incluso a quienes nos pudieran estar maldiciendo. El poder de las bendiciones libera a Dios para que se mueva en sus vidas.

Por otra parte, Gálatas 1:8 dice con claridad:

> Mas si aun nosotros, o un ángel del cielo, os anunciare otro evangelio diferente del que os hemos anunciado, sea anatema.

No se trata de que los cristianos vayamos a maldecir a los wiccans, sino de que ya están separados de Dios a causa de su pecado. Wiccan o no, todo el que no conoce a Cristo como Salvador sufre el mismo destino. Jesús no vino a condenarnos al infierno, sino a salvarnos de lo que ya nos merecemos (Juan 3:17).

En el próximo capítulo vamos a ver con mayor profundidad el tipo de adivinación que realizan los psíquicos de hoy. Se incluirá el tema de los ángeles, a quienes hablan y envían tantos de la Nueva Era. ¿Obran ángeles buenos y ángeles malos entre los seguidores de la Nueva Era? Hablaremos acerca de la diferencia entre su don, y el verdadero don de profecía que da Dios.

Capítulo 5

Horóscopos, teléfonos psíquicos y cartas tarot

A parece en la pantalla de su televisor una señora sonriente. Nos cautiva con sus capacidades psíquicas y nos trata de atrapar con la promesa de que va a poder ver nuestro futuro. Los televidentes llaman por miles para sentir la emoción de una lectura psíquica, y con la esperanza de que les den alguna buena noticia. Estas líneas telefónicas psíquicas se han vuelto muy populares, pero no son más que una forma moderna de adivinación.

A lo largo de los siglos, ha gente ha tratado de hallar información acerca de lo que va a suceder en su vida. En Europa había gitanas que leían la fortuna, lectoras de cartas tarot en el siglo XIX, y hoy vemos en el frente de las casas y los locales comerciales unos carteles que anuncian: "Lectura psíquica". Es interesante abrir el libro *The 100 Top Psychics in America* ["Los cien mejores psíquicos de Estados Unidos"] para ver cómo agasaja a sus lectores, dándoles información sobre unas personas de las que se supone que pueden atisbar en lo desconocido con unos resultados asombrosos. Este libro habla de los psíquicos de Hollywood, los que atienden a las superestrellas, los detectives psíquicos y muchos más. Al igual que las líneas telefónicas psíquicas, cada una de estas cosas es una forma de adivinación.

La adivinación

El tema de la adivinación es tan grande, que podría escribir un libro sólo sobre él. Hay muchas formas distintas de adivinación, que van desde las líneas telefónicas psíquicas, hasta las varas mágicas, o la "aleuromancia", que esparce harina u hojas de té para adivinar.

En este capítulo voy a dar información sobre todos los tipos de adivinación, desde el que utilizaba Nostradamus, (llamado en inglés *scrying*), hasta las cartas tarot y los horóscopos. Se puede definir la adivinación como la práctica de indagar el futuro o lo desconocido. Los escritores cristianos John y Paula Sandford la llaman "la copia satánica de los dones de conocimiento y profecía".[1]

La adivinación es capaz de atraer al creyente y confundir al cristiano. ¿Cómo saben los psíquicos tanta información personal sobre personas desconocidas para ellos? ¿Cuál es la diferencia entre la adivinación y el don de profecía? ¿Debo pagar para que me digan una profecía? Vamos a aclarar todas estas cuestiones y algunas más en este capítulo.

Los psíquicos

Necesitamos estar conscientes de las prácticas ocultistas, entre ellas la adivinación, a fin de permanecer totalmente alejados de ellas y de poder articular con claridad lo peligrosas que son ante aquéllos entre los que nos rodean que se dediquen a jugar con ellas. Una de las formas en que funciona la adivinación es por medio de los psíquicos.

El estudio de las experiencias psíquicas recibe el nombre de "parapsicología". Este término se comenzó a usar a fines de la década de 1920. J. B. Rhine, el padre de las investigaciones psíquicas modernas, fundó el Centro de Investigación Rhine, situado cerca de la Universidad de Duke, en Durham, Carolina del Norte. Ésta fue la primera dentro de una serie de organizaciones similares que se han fundado, muchas de ellas en conexión con universidades.

Los eruditos estudian muchas disciplinas. No obstante, es perturbador ver que tantas universidades importantes abracen la parapsicología y pongan una gran cantidad de recursos en ella. En muchos casos, las cosas han pasado mucho más allá del estudio para llegar a la práctica real, el desarrollo y un apoyo completo de las prácticas ocultistas. Una cosa es que los profesores de universidad analicen lo que hace Satanás, y otra muy distinta es que traspasen los límites para asociarse a sus hazañas demoníacas.

A continuación presento una lista donde aparecen otros centros de investigación psíquica:

- Programa sobre Conocimiento Anómalo, Universidad de Amsterdam, Holanda.
- Laboratorio de Ciencias Cognoscitivas, Palo Alto, California, E.U.A.
- Laboratorio de Investigación del Consciente, Palo Alto, California, E.U.A.
- Laboratorio de Investigación del Consciente, Universidad de Nevada, Las Vegas, Nevada, E.U.A.
- Departamento de Psicología, Universidad de Hertfordshire, Gran Bretaña.
- Universidad Eotvos Lorand de Budapest, Hungría.
- División de Psiquiatría, Universidad de Virginia, E.U.A.
- Proyecto de Unificación Mente-Materia, Universidad de Cambridge, Gran Bretaña.
- Unidad de Parapsicología Koestler, Universidad de Edimburgo, Escocia.
- Laboratorio PEAR, Laboratorio de Investigación de Anomalías Controladas, Universidad de Princeton, Princeton, Nueva Jersey, E.U.A.
- Institut für Grandzgebeite der Psychologie und Psychohygiene (Instituto especializado en psicología y psicohigiene), Freiburg i. Br., Alemania.
- SRI (Stanford Research Institute, Instituto de Investigación Stanford) Internacional, Palo Alto, California, E.U.A.[2]

La fortuna de los ricos y famosos

Es asombroso ver cuánta gente famosa ha tenido tendencia al ocultismo. Uno de ellos fue Henry Ford, el inventor del automóvil Ford Modelo T, quien creía en la reencarnación. El psíquico Armand Marcotte afirma haber hecho lecturas para John Wayne durante diez años. También dice que las hacía para Natalie Wood. Susan Lee Shaw, otra psíquica, afirma canalizar su información a través de Elvis Presley. Se afirma que fue su amante desde 1963 hasta 1977, fecha en que él falleció. Otros psíquicos afirman haber aconsejado a Marilyn Monroe.[3]

Muchas estrellas han tenido una muerte trágica después de haberse envuelto en el ocultismo. No estoy diciendo que haya siempre una conexión directa; sin embargo, es una coincidencia que nos abre los ojos y que está de acuerdo con la Biblia.

No tiene nada de extraño que inviten hoy en día a los psíquicos a las fiestas de Hollywood. Tenemos la fe de que se va a producir un gran avivamiento en Hollywood, y en él las estrellas van a sentir hambre de los verdaderos dones espirituales, que sólo son dados por Dios.

El poder que respalda a los psíquicos

Según el manual *Complete Idiot's Guide to Being Psychic* ["Guía completa para idiotas sobre cómo ser un psíquico"], el treinta y siete por ciento de los departamentos urbanos de policía de los Estados Unidos afirma que consulta psíquicos para ciertas investigaciones. Dorothy Allison, famosa y controversial psíquica de la policía, guió a los detectives hasta el cuerpo de una joven asesinada cerca de las cataratas del Niágara en 1991.[4] Más recientemente, la policía de la ciudad de Washington y el FBI han recibido doce o trece pistas procedentes de psíquicos en el caso de la desaparición de Chandra Levy. "La policía está tomando muy en serio a los psíquicos", reporta Rita Cosby, de Fox News.[5]

Sin duda, algunas veces los psíquicos son charlatanes y tramposos que le roban el dinero a la gente. Sin embargo, es frecuente que haya un poder real tras las manifestaciones psíquicas de estas personas. ¿Cuál es la fuente de este "don"? Muchos psíquicos le dirán que reciben de espíritus guías o ángeles la información que canalizan. ¡Algunos hasta se atreven a decir que consultan a Dios!

¿Qué clase de seres son estos espíritus guías? En realidad son seres demoníacos, y muy deseosos de darle información a todo el que se la pida. Hasta es posible que colaboren con espíritus familiares o de familia, que lo saben todo acerca de la persona a la que se le está leyendo la fortuna. A veces, los psíquicos meditan hasta que entran en contacto con un ser espiritual que termina convirtiéndose en su espíritu guía. No comprenden que en realidad se están entregando a una entidad demoníaca como canales. Hablaré más de este tema en el capítulo 9, llamado *¡Cómo! ¿Que yo tengo un demonio?*

Por supuesto, Satanás, que es el más hábil de los tramposos, se deleita en usar a los falsos psíquicos. Está dispuesto a hacer lo que sea, con tal de apartar nuestros ojos de Jesús para que los pongamos en el ocultismo.

Un ángel de luz

Satanás es tramposo. Él sabe lo atrayentes que son los ángeles para los seres humanos, y también sabe que los verdaderos ángeles de Dios nos pueden consolar y comunicarse con nosotros. Entonces, ¿qué hace? Se disfraza de ángel de luz, o espíritu guía.

Dios envía sus ángeles a los herederos de la salvación (vea Hebreos 1:14). Ellos no les darían información alguna a los psíquicos; ni siquiera a los que tengan unas impresionantes credenciales otorgadas por una gran universidad. Los ángeles de los que reciben información los psíquicos no son más que ángeles de luz, contra los cuales se nos advierte en 2 Corintios 11:14-15: "Y no es maravilla, porque el mismo Satanás se disfraza como ángel de luz. Así que, no es extraño si también sus ministros se disfrazan como ministros de justicia; cuyo fin será conforme a sus obras". De hecho, Gálatas 1:8 dice con toda claridad que tenemos que estar alertas ante todo espíritu que no presenta la Palabra de Dios: "Mas si aun nosotros, o un ángel del cielo, os anunciare otro evangelio diferente del que os hemos anunciado, sea anatema".

Hoy en día hay mucha gente que es demonizada al leer libros de la Nueva Era acerca de los ángeles. Con la expresión "demonizada" quiero decir que le están abriendo a Satanás una puerta en su vida. Hasta acaba de salir un juego llamado *Angels*. Es como un tablero de *Ouija* (vea el capítulo 3), y se supone que ayude a los jugadores a recibir "respuestas" de unos seres que se disfrazan de ángeles.

La adivinación en el libro de los Hechos

La infiltración de Satanás no es exclusiva de esta época. Tal como expliqué en el capítulo 2, el mundo en los tiempos del apóstol Pablo estaba repleto de adivinación y ocultismo. El libro de los Hechos nos hace varios relatos de encuentros de poder entre creyentes y personas que habían recibido su poder por medio del ocultismo, y esos relatos nos hacen abrir los ojos. Uno de ellos se halla en Hechos 16:16: "Aconteció que mientras íbamos a la oración, nos salió al encuentro una muchacha que tenía espíritu de adivinación, la cual daba gran ganancia a sus amos, adivinando".

En su comentario sobre el libro de los Hechos, C. Peter Wagner afirma que la joven esclava estaba demonizada por un "espíritu Pitón".[6] Cita al teólogo Simon Kistenmaker, quien sostiene que la mejor forma de traducir este pasaje a los idiomas modernos es "un espíritu, esto es, un pitón".[7] Cita también a R. C. H. Lenski, quien dice que Pitón era "la serpiente o dragón mítico que habitaba en la región Pitia, al pie del monte Parnaso, y de la que se dice que guardaba el oráculo de Delfos hasta que la mató el dios Apolo".[8] Wagner afirma después que el oráculo era una sacerdotisa conocida como la Pitia, porque recibía su poder del espíritu Pitón.[9]

De hecho, el espíritu que habitaba en la joven esclava dijo la verdad: "Estos hombres son siervos del Dios Altísimo, quienes os anuncian el camino de salvación" (Hechos 16:17). Pablo, incómodo ya, se volvió y le dijo al espíritu: "Te mando en el nombre de Jesucristo, que salgas de ella" (v. 18). Y salió en aquella misma hora. Éste es el mismo espíritu Pitón del que hablé en el capítulo 2 al mencionar la presencia del ocultismo en Éfeso.

Probar los espíritus

Amado, la historia de esta joven esclava nos muestra por qué tenemos que probar los espíritus para ver si son de Dios. En 1 Juan 4:1 lo dice con toda claridad: "Amados, no creáis a todo espíritu, sino probad los espíritus si son de Dios; porque muchos falsos profetas han salido por el mundo". Al diablo no le importa disfrazarse de ángel de luz para engañarnos. Hasta es capaz de utilizar algo que parezca cierto para atraparnos en su red de engaño.

El posible que una falsa palabra profética dada por medio de la adivinación abra la puerta a una serie de debilidades, y hasta tenga por consecuencia que una persona reciba maldición. Explicaré esto en el capítulo 10.

Hasta una persona que dice venir en nombre de Dios puede estar funcionando en realidad por medio de un espíritu de adivinación. Sé que suena bastante aterrador, pero una vez que usted aprenda a distinguir entre la profecía verdadera y la dada por medio de un espíritu de adivinación, se dará cuenta de que no hay nada que temer. Sencillamente, necesita utilizar el discernimiento con respecto a lo que recibe de una persona, aunque diga que viene de parte de Dios. ¿Cómo se discierne si una profecía procede del Espíritu de Dios, o ha sido dada por medio de un espíritu de adivinación? He aquí algunos lineamientos sacados de mi libro *The Voice of God* ["La voz de Dios"]:

1. ¿Qué me está diciendo el Espíritu Santo a mí por medio del testimonio interno? El Señor nos hizo una maravillosa promesa en Juan 10:25, donde afirma que sus ovejas conocen su voz. Cuando Él nos habla, nos da paz, y nosotros reaccionamos positivamente ante su Palabra.

2. ¿Le da gloria a Dios lo que se ha dicho? Aunque la persona le pueda decir dónde vive usted, cómo se llama su médico y cosas así, se tratará de adivinación si lo dicho no lo acerca a Dios.[10]

Los que se llaman cristianos, pero en realidad están operando por medio de un espíritu de adivinación, le podrán decir muchas cosas acerca de su vida, y hasta decirle su dirección. No obstante, si lo que están haciendo no señala hacia Jesucristo, se trata de una falsa profecía.

El pecado de Balaam

Hay un serio problema en el aspecto de dar profecías en algunas zonas de los Estados Unidos. En ciertas iglesias exigen que se dé una ofrenda monetaria para recibir una palabra profética. Hasta hay iglesias que tienen una fila de cien dólares, otra de cincuenta y otra de diez. Me pregunto qué diferencia habrá entre una profecía de cien dólares y otra de diez. Todo esto constituye el pecado de Balaam, y no se debe hacer.

Al parecer, Balaam comenzó como profeta de Dios (vea Números 22:18), pero tenía el problema de que le gustaba el dinero. Lo contrató Balac, el rey de los moabitas, para que maldijera a los hijos de Israel. Sin embargo, no pudo maldecir lo que Dios había bendecido, ni siquiera por medio del uso de la hechicería (vea Números 24:1).

Más adelante, Balaam cayó por completo en la adivinación, se convirtió en un falso profeta y murió en una batalla: "Mataron también [los israelitas], entre los muertos de ellos, a los reyes de Madián… también a Balaam hijo de Beor mataron a espada" (Números 31:8).

En las Escrituras se confirma que Balaam murió apartado del Señor: "Han dejado el camino recto, y se han extraviado siguiendo el camino de Balaam hijo de Beor, el cual amó el premio de la maldad" (2 Pedro 2:15).

Los émulos modernos de Balaam

No son los profetas los únicos que caen en el pecado de Balaam. Yo he asistido a cultos en los cuales se han recogido ofrendas por medio de fuertes manipulaciones. No se debe presionar a nadie para que dé, hasta el punto de sentirse culpable si no da. Esto constituye el espíritu de Balaam.

Las líneas telefónicas de los psíquicos

¿Se ha preguntado alguna vez cómo pueden dar los psíquicos una información al parecer tan exacta en sus conversaciones telefónicas? Algunos de ellos son astutos, mientras que otros están conectados con espíritus demoníacos. Muchos de estos psíquicos son expertos en hacer preguntas guía, lo cual constituye un método de interrogatorio llamado *lectura en frío.*

Comienzan con unas certeras preguntas que se podrían aplicar a cualquier mujer soltera, como: "¿Tiene novio?" Están atentos al tono de voz y a las palabras con las que les responden. Hasta es posible que repitan algo que la persona les ha dicho antes en la misma conversación, aunque dándole un giro algo distinto. Por ejemplo, si la que llama dice que su novio vive centrado en sí mismo, es posible que el psíquico le dé la vuelta más tarde, y le diga algo como esto: "Su novio necesita comenzar a escucharla a usted cuando está molesta, y cuando hace algo que la incomoda". Esta manera de expresarse es utilizada para hacer que la persona que ha llamado crea que el psíquico ya sabía que a su novio nunca le importan sus necesidades, cuando en realidad, la mala comunicación es un problema común y corriente en las relaciones, y lo más probable en un novio centrado en sí mismo es que no quiera escuchar.

Estas líneas telefónicas de psíquicos tienden a aprovecharse en su explotación de aquéllos que menos se pueden permitir gastos extraordinarios. Según una encuesta hecha por la revista *Harper's Magazine* de febrero de 1998, "el 70,2 por ciento de los que llaman a los psíquicos por teléfono pertenecen a las minorías, y el 48,3 por ciento son muy pobres. Sin embargo, el precio por minuto es de unos cuatro dólares".[11]

Nostradamus

Uno de los psíquicos más famosos de la historia es Nostradamus. Nacido en Francia en 1503, era el hijo mayor de una familia judía que más tarde se convirtió al catolicismo. Se afirma que predijo las guerras napoleónicas, la revolución de independencia y la guerra civil de los Estados Unidos, los asesinatos de Lincoln y de los dos hermanos Kennedy, la Segunda Guerra Mundial, la aparición de las armas nucleares y los viajes espaciales.[12] No obstante, la forma en que se han interpretado sus profecías ha sido bastante ambigua, y siempre después de los hechos.

Nostradamus recibía sus visiones a base del llamado *scrying,* que consiste en contemplar un cuenco lleno de agua. Colocaba el cuenco en un trípode de bronce, lo tocaba con su vara, y después de esto se tocaba la túnica. Es lo mismo que hacen los que leen una bola de cristal o le piden respuestas a un espejo. La persona contempla la bola de cristal hasta que tiene una visión, o se forman imágenes verdaderas dentro de la bola.

Esto es una falsificación del verdadero don de Dios por medio del cual Él les da visiones a los suyos. De hecho, hay profetas llamados videntes, que reciben palabras proféticas por medio de visiones.

El don de profecía no es un don natural o innato, sino que Dios distribuye estos dones proféticos a diversas personas, según Él quiere.

El profeta le puede someter este don a Dios, o hacer como Balaam; caer en pecado y abrirse a la adivinación demoníaca. La información que recibe un profeta al estilo de Balaam no es inspirada por el Espíritu Santo. He visto verdaderos profetas de Dios que se han vuelto codiciosos y manipulan a la gente para que les dé dinero, usando así el don de Dios para su propia ganancia. Entonces, la fuente de su don pasa a ser el ámbito demoníaco, y pueden terminar convirtiéndose en falsos profetas. Los verdaderos profetas hablan en nombre de Dios. Las falsificaciones apartan a las personas del único Dios verdadero.

Nostradamus obtenía su información por medio de métodos ocultistas, y su fuente de información era el ámbito demoníaco, aunque parte de lo que dijo haya resultado cierto.

Las cartas tarot

Otro medio de adivinación es el uso de las cartas tarot. Si usted visita Nueva Orleans, en Luisiana, puede ir a la famosa plaza Jackson, en el barrio francés, y ver que está rodeada por adivinos y psíquicos que leen las cartas tarot. Le bastará con atravesar cualquier ciudad importante de los Estados Unidos, y lo más probable es que se encuentre uno o dos carteles que digan: "Lectura psíquica". Lo más probable es que los adivinos que hay dentro de estos establecimientos usen las cartas tarot. Este flagrante uso de una práctica tan abominable debe tener un aspecto muy extraño, visto desde el cielo.

La historia de las cartas tarot

Hay diferentes opiniones en cuanto al origen de las cartas tarot. Algunas personas creen que proceden de la Italia de fines del siglo XV, donde las escuelas del renacimiento exploraban el misticismo judío de la *Cábala* ("enseñanzas recibidas") y la alquimia. Otros creen que tienen sus raíces en culturas antiguas, como la India, Egipto, o tal vez el mundo gitano que floreció alrededor de las costas del Mediterráneo.

El Conde de Gebelin creía que el tarot tenía sus raíces en el mundo antiguo. En 1781, este francés presentó las cartas en su libro *Monde Primitif* ["Mundo primitivo"], que es la primera historia escrita del tarot.[13]

La popularidad del tarot se extendió en el siglo XIX, en especial debido a la obra de Eliphas Levi y, más tarde, de la secreta Orden Hermética del Amanecer Dorado. Levi, quien escribió el libro *The Dogma and Ritual of High Magic* ["Dogma y rito de la alta magia"], fue la primera persona que aplicó al tarot las características y prácticas de diversas ramas del ocultismo, entre ellas la Cábala y la astrología.[14] El Amanecer Dorado amplió las teorías de Levi y desarrolló un juego de cartas tarot "mágicas" que siguen usando los adivinos hasta el día de hoy.

"Desde sus comienzos... la Orden Hermética del Amanecer Dorado ha seguido siendo la autoridad en cuanto a las enseñanzas de iniciación y meditación del tarot", escriben Chic y Sandra Tabatha Cicero, quienes han desarrollado una versión moderna del naipe del Amanecer Dorado.[15]

La Orden Hermética del Amanecer Dorado original, estrechamente relacionada con la masonería, disfrutó de sus años más fuertes a fines del siglo XIX y principios del siglo XX, bajo el liderazgo de Samuel Liddell MacGregor Mathers. La orden floreció hasta la década de 1970, cuando se cerraron sus últimos templos. Sin embargo, ha visto un renacimiento reciente, y hay un número creyente de personas que se consideran magos del Amanecer Dorado.[16]

Se les ha atribuido a A. E. Waite y Paul Foster Case el que se hayan extendido más aún las cartas tarot y la astrología, mezcladas con la numerología.

Las cartas

Un paquete de cartas tarot está formado por setenta y ocho cartas, veintidós de las cuales son llamados arcanos mayores. Arcano es una palabra que significa "conocimiento secreto".[17] Se afirma que los arcanos mayores eran las cartas originales.[18]

Las cartas tarot tienen dibujados personajes que sugieren ciertos rasgos. Por ejemplo, la tarjeta del Amante sugiere el éxito emocional, o un nuevo interés amoroso. En cualquier librería abundan los libros en los que se explica cada una de estas características.

La persona que tiene una pregunta concreta, o sólo curiosidad acerca del futuro, acude a un psíquico para que le lea las cartas tarot. El psíquico baraja las cartas, y después va dando una interpretación según van saliendo. Algunos lectores de tarot las ponen sobre la mesa en la forma céltica de la cruz y el bastón.

Hay muchas formas distintas de cartas tarot. Una de las más tenebrosas en su naturaleza ocultista es el tarot de vudú, en el que hay una carta llamada "Zombi". Observe la forma en que se describe esta carta en el *New Orleans Voddoo Tarot*, junto con los actos que la acompañan:

> Es un acto de transgresión por excelencia. La víctima presencia indefensa su propia muerte, y después sigue viviendo esa muerte. Los practicantes del vudú crean el zombi como un acto de venganza, para que les sirvan, o para que les sirvan de ejemplo a los que se podrían atrever a transgredir y poner en peligro los lazos de la comunidad.[19]

En una ocasión en que fui a Nueva Orleans, visité la tristemente famosa plaza Jackson, y pasé junto a los pequeños quioscos de los lectores de tarot que había alrededor de la plaza. La presencia de las fuerzas ocultas era muy fuerte en este hermoso parque situado en la parte antigua de la ciudad. En estos momentos, muchas personas celebran el vudú en esta ciudad como "cultura". Quienes lo practican van a las tumbas de los antiguos sacerdotes y sacerdotisas del vudú para hacer sus encantamientos. Es horrendo que este tipo de prácticas se produzcan aún hoy, en el siglo XXI. Esto demuestra también que estas cosas se pueden presentar, no sólo en las naciones en desarrollo, sino en cualquier ciudad del mundo.

Como mencioné anteriormente, hay muchas personas que se han metido por ignorancia en el ocultismo a través de la lectura de sus predicciones astrológicas. He descubierto que, a menos que la persona haya sido criada en el conocimiento de que la astrología es en realidad una forma de brujería, son muchos los cristianos que leen las predicciones astrológicas en un periódico o una revista.

Hace años, estaba dando unas conferencias sobre este tema en Miami, Florida. Durante las conferencias, una joven me detuvo en el pasillo para preguntarme: "Cindy, ¿me quiere usted decir que Dios me va a hacer responsable de haber participado en la brujería, sólo por haber leído mi horóscopo?"

"Exactamente", le respondí. Las Escrituras lo dicen con toda claridad. Isaías 47:13-15, texto que ya cité anteriormente, habla del juicio
que cae sobre los que participan en estas prácticas ocultas.

Una cosa que muchos no comprenden, tanto creyentes como no
creyentes, es que ignorar la ley de Dios no significa que no estemos
sujetos a ella. De hecho, ésta es la razón por la que necesitamos un Salvador. Jesucristo vino al mundo, no para condenarlo, porque ya estaba
condenado, sino para traerle la salvación (Juan 3:17-18).

En busca de respuestas

Al estudiar la adivinación, he podido ver que el ocultismo se ha establecido firmemente en muchos sectores de nuestra sociedad. Está en
nuestros recintos universitarios, en el gobierno, en la radio, y lo aceptan
los ricos y famosos. Las almas perdidas tienen hambre de conocer el
futuro; su propio futuro. ¿Será acaso que nosotros, la Iglesia, les hemos
fallado y ahora están buscando respuestas en todos los lugares donde no
deben buscarlas? Este pensamiento es realmente grave.

Necesitamos preguntarnos como Iglesia: "¿Por qué los reyes y presidentes no tienen la costumbre de consultar a las personas que tienen los
dones de profecía, discernimiento y sabiduría? ¿Por qué esos líderes acuden corriendo a los médiums y a los psíquicos?" Tal vez la respuesta sea
que la mayoría de ellos no tienen ni idea de que los dones presentes en la
Iglesia están a su disposición. El diablo ha hecho un trabajo mejor al exhi-
bir sus dones, que el trabajo hecho por la Iglesia con los dones de Dios.

Daniel manifiesta poder

No es esto lo que sucedió en el libro de Daniel. El rey Nabucodo-
nosor dispuso una amplia exhibición de poderes ocultos en su corte... y
además, llamó a Daniel, profeta del Dios Altísimo. "Hizo llamar el rey a
magos, astrólogos, encantadores y caldeos, para que le explicasen sus sueños. Vinieron, pues, y se presentaron delante del rey" (Daniel 2:2).

Dios le había dado al rey un sueño perturbador. Sin embargo, o bien
el rey olvidó el sueño, o Dios lo estaba usando para demostrar que su
poder era mayor que el de los astrólogos, hechiceros y caldeos. Todo lo
que sabemos es que el rey no les quiso o no les pudo contar el sueño.

Los ocultistas se quedaron desconcertados, pero Daniel supo lo que
pasaba. ¿Cómo obtuvo la respuesta? Dios le respondió en otro sueño;
no por medio de las cartas tarot, o de una bola de cristal. Así le pudo
contar al rey su sueño con la interpretación, y salvar la vida.

Hay algo importante que debemos observar, y es que Daniel nunca pareció sentir miedo de los ocultistas que lo rodeaban. Muchas veces, los creyentes se aterrorizan porque un brujo ha entrado a la Iglesia. Yo lo que digo es: "¡Estupendo! ¡Entre!" Ellos tienen su brujería, pero nosotros tenemos al que es Mayor que todo, viviendo en nuestro interior. Además, siempre cabe la posibilidad de que ese brujo haya venido buscando a Dios.

Sé que puedo decir proféticamente que en los días venideros se van a producir muchos cambios en la forma en que los gobiernos miran a la Iglesia. Habrá profetas que van a trabajar con presidentes y reyes con dones apostólicos para guiar a su nación. (Por supuesto, muchos profetas, entre ellos yo misma, ya nos hemos reunido con líderes de los niveles más altos de los gobiernos o de los negocios). Los directores de Hollywood van a tener reuniones de oración y van a buscar a la gente profética, en lugar de buscar a los psíquicos. Cuando esto suceda, va a cambiar literalmente la faz de la tierra.

Los cristianos que juegan con fuego

Me asombra la gran cantidad de cristianos que tienen parientes que han hecho brujería o adivinación con una vara para encontrar agua, sin darse cuenta de que se trata de una práctica ocultista. Son muchos los cristianos que juegan con el ocultismo sin estar plenamente conscientes de lo que están haciendo. Si usted ha leído su horóscopo, aunque no se haya dado cuenta, eso es jugar con lo oculto. Voy a escribir con más detalle sobre este tema en el capítulo 10.

Las Escrituras nos exhortan diciéndonos: "*No* sea hallado en ti quien haga pasar a su hijo o a su hija por el fuego, ni quien practique adivinación, ni *agorero* [psíquico], ni sortílego, ni hechicero, ni encantador, ni adivino, ni mago, ni quien consulte a los muertos" (Deuteronomio 18:10-11, cursiva de la autora).

De Dios no se burla nadie, y quienes hacen este tipo de cosas tendrán que responder ante Él finalmente por lo que hayan hecho a través de estas prácticas. Lo triste es que hay quienes practican la magia blanca, y piensan realmente que están ayudando a la gente con lo que hacen.

Advertencias sobre el juicio

La Biblia les habla fuertemente a los que confían en los horóscopos, o acuden a los adivinos, los agoreros y otros que practican la adivinación:

Estate ahora en tus encantamientos y en la multitud de tus hechizos, en los cuales te fatigaste desde tu juventud; quizá podrás mejorarte, quizá te fortalecerás. Te has fatigado en tus muchos consejos. Comparezcan ahora y te defiendan los contempladores de los cielos, los que observan las estrellas, los que cuentan los meses, para pronosticar lo que vendrá sobre ti. He aquí que serán como tamo; fuego los quemará, no salvarán sus vidas del poder de la llama (Isaías 47:12-14).

En esta época de tolerancia, es posible que este texto bíblico nos parezca severo. Sin embargo, es Dios quien exige su cumplimiento; no nosotros. Por lo general, ni siquiera vamos a saber cuándo lo va a hacer cumplir. Eso queda entre Dios y la persona que viola su Palabra. Sin embargo, de vez en cuando oímos hablar de incidentes que tienen por consecuencia la misteriosa muerte de un ocultista.

John Osteen, quien fuera por mucho tiempo el pastor de la iglesia Lakewood, en Houston, Texas, relataba varias ocasiones en las que ciertos ocultistas hostiles a su ministerio murieron de manera inexplicable.[20] Nunca he dudado de lo seriamente que toma Dios todo esto. Sin embargo, quedó mucho más claro para mí hace algunos años, mientras estaba ministrando en América del Sur y este pasaje cobró vida para nosotros.

Estábamos orando específicamente para quebrantar los poderes demoníacos de la brujería sobre ciertas ciudades de Argentina, cuando tres líderes del ocultismo cayeron muertos (dos de ellos estaban en Argentina, y el otro en California). No murieron porque nosotros les lanzáramos una maldición; de hecho, ni supimos que existían hasta después de los acontecimientos, y no habíamos hablando en su contra como personas. Perecieron, porque Dios decidió cumplir Isaías 47.

Una gran sacerdotisa de San la Muerte (el culto a la muerte), en Resistencia, Argentina, se quedó dormida fumando. Murió en el fuego, pero lo único que fue destruido en aquella casa fue ella, con su cama y el ídolo de San la Muerte, que estaba a dos metros de ella. Esta noticia me dio mucha tristeza. A menos que esta sacerdotisa haya hecho una oración de última hora para pedir la salvación, se halla en medio de un juicio que es eterno, aunque tal vez ella no creyera que ese juicio fuera real.

Las estrategias de Satanás

Con la aparición de la contracultura de los años sesenta y setenta y la llamada *Era de Acuario,* se produjo un amplio interés por lo oculto. También en aquellos tiempos fueron muchos los jovencitos que se entregaron a Jesús. Al comenzar este nuevo milenio, el interés en el ocultismo ha vuelto a aumentar. Estamos igualmente al borde de otro gran movimiento de Jesús, y al mismo tiempo Satanás está trabajando para establecer el ocultismo con una fuerza sin precedentes, a fin de debilitar al máximo esta nueva ola del Espíritu Santo. Sencillamente, nos inundan por todos lados las prácticas ocultistas.

Ciertamente, Satanás usa su estrategia en las formas que utiliza el ocultismo para lograr una entrada en nuestra vida diaria. De hecho, es muy astuto. Observe dónde se suelen situar los horóscopos del día en los periódicos: junto a la sección de tiras cómicas. Como consecuencia, los niños crecen leyendo las tiras cómicas y también su horóscopo. ¿Pienso acaso que los editores de los periódicos consultan a Satanás para que les diga cómo distribuir su publicación, o que saben siquiera que él está influyendo sobre ellos? No; claro que no. Pero Satanás ha trabajado tan fuerte y por tanto tiempo para que los horóscopos sean aceptados por la sociedad, que no le hace falta un gran esfuerzo para situarlos donde él los quiere.

La astrología ha sido aceptada en muchas culturas por largo tiempo. Sin embargo, no tiene por qué mantener su lugar de prominencia. La mayoría de los periódicos publican una columna diaria de horóscopos. Si nosotros oramos y nos mantenemos firmes contra estas prácticas, llegará el día en que desaparecerán Sencillamente, la gente va a dejar de considerarlas aceptables, y nuestra cultura cambiará.

Astrología y astronomía

Hay una diferencia entre la astrología y la astronomía. La astronomía es el estudio de los planetas y las estrellas. Algunos astrólogos usan el hecho de que los magos siguieron una estrella para proclamar que es correcto estudiar los cielos y emitir un horóscopo basado en la fecha de nacimiento de la persona.

En las Escrituras no se indica con claridad si estos magos estaban envueltos en el ocultismo, o si Dios se les reveló por medio de una estrella. No obstante, los judíos de aquellos tiempos conocían la profecía que aparece en Números 24:17, según la cual una estrella saldría de Jacob. Si los magos procedían de Persia, tal como suponen algunos de los primeros escritores cristianos, lo más probable es que estuvieran bajo la influencia de los grandes asentamientos de hebreos que había en medio de ellos. Por tanto, habrían podido conocer las profecías de Balaam.

Los signos del zodíaco

Los astrólogos afirman que pueden predecir el futuro de las personas por medio del uso de una "carta de nacimiento". Esta carta se basa en el momento, la fecha y el lugar en que la persona nació. Para preparar una carta de nacimiento, el astrólogo estudia los planetas y el zodíaco, que es el nombre de la trayectoria elíptica que sigue la tierra cada año en su movimiento de traslación alrededor del sol. El zodíaco está dividido en doce signos. Cada persona nace dentro de uno de ellos, y es clasificada según ese signo. Por ejemplo, la persona puede ser Aries o Capricornio. Se han escrito libros en los cuales se señalan los rasgos de personalidad que se considera que manifiesta cada uno de estos signos.

Le quiero hacer una fuerte advertencia a todo aquél que se ponga a jugar con la astrología. Está estrictamente prohibida en las Escrituras: Vosotros, pues, no os preocupéis por lo que habéis de comer, ni por lo que habéis de beber, ni estéis en ansiosa inquietud. Porque todas estas cosas buscan las gentes del mundo; pero vuestro Padre sabe que tenéis necesidad de estas cosas. Mas buscad el reino de Dios, y todas estas cosas os serán añadidas (Lucas 12:29-31).

A primera vista, daría la impresión de que este pasaje sólo habla de tener fe en Dios. Sin embargo, al estudiar el verbo traducido como "estar en ansiosa inquietud", es importante saber que es una palabra griega que se traduciría literalmente como "meteorizar". Según la *Dake Annotated Reference Bible*, esto significa "levantar en el aire", "suspender", "fluctuar", "estar ansioso" o "ser arrastrado como los meteoros que se mueven con las corrientes, lanzados arriba y abajo entre la esperanza y el temor".[21] La represión tiene que ver con los paganos, que buscan supersticiosamente una orientación en los meteoros, los planetas, los signos del zodíaco, la magia, la brujería y el tráfico con demonios bajo el nombre de astrología, cosas todas que condenan las Escrituras.

Hay muchas otras formas de adivinación. En el próximo capítulo voy a hablar algo más de estas prácticas: la reencarnación y la proyección astral. Acuérdese de utilizar la lista que aparece en el capítulo 9 a medida que vaya avanzando por los distintos capítulos, de manera que se incluyan en ella las cosas en las que usted ha participado. También puede hacer su propia lista.

Capítulo 6

¿Era otro antes de ser yo?

H ace un buen número de años fui a ver una película cuyo tema era la reencarnación. Hoy en día no lo haría, pero en aquellos tiempos ignoraba la mayoría de las cosas que tienen que ver con el ocultismo. Al igual que muchos otros cristianos, me preguntaba quién habría sido yo en una vida anterior. Estoy segura de que hay quienes se preguntan: *¿Era una princesa? ¿O una balerina? ¿O tal vez una rana o una cabra? ¡Uf!* Gracias a Dios, esta forma de pensar no me duró mucho tiempo. No obstante, el hecho de que me haya estado preguntando si habría sido otra persona antes de ser yo, demuestra que en mi mente, creer en la encarnación era algo que no tenía nada de incompatible con mi vida de cristiana nacida de nuevo. En aquellos momentos, no me daba cuenta de que en realidad, estaba jugando con lo oculto.

También entraba en terreno peligroso cuando leía mi horóscopo y cuando jugaba con un tablero de *Ouija*. Después de esto, me he arrepentido de haber participado en esas prácticas, pero mi propia experiencia demuestra lo fácil que nos es tropezarnos con el mundo de los demonios si no estamos debidamente informados.

La reencarnación

A lo largo de los tiempos, ha habido numerosas culturas en las cuales se ha creído que es posible tener más de una vida. La reencarnación tiene en el hinduismo unas raíces de cuatro mil años. Algunos griegos y romanos de la antigüedad también creían en ella. Sin embargo, la Biblia afirma con claridad que no hay tal cosa: "Está establecido para los hombres *que mueran una sola vez,* y después de esto el juicio" (Hebreos 9:27, cursiva de la autora). Por mucho que quiera la gente, no existe una segunda oportunidad. Por tanto, la respuesta a la pregunta "¿Era otro antes de ser yo?", es un rotundo "no". No regresamos bajo la forma de una rata, una cabra u otra persona. No podemos regresar a este mundo para pagar por el "mal karma" que creamos con nuestras acciones. En cambio, sí seremos juzgados por los pecados que hayamos cometido contra Dios. Fue Jesús quien vino para pagar el precio de nuestro "mal karma". A menos que nos arrepintamos y permitamos que su pago (su sangre derramada en el Calvario) cubra nuestros pecados, sufriremos unas consecuencias eterna. Jesús sí va a regresar; nosotros no podemos hacerlo.

Edgar Cayce

Una de las principales formas en que se introdujo la idea de la reencarnación en la sociedad estadounidense, fue por medio de Edgar Cayce, el apodado "profeta durmiente". Cayce, nacido en 1877 y fotógrafo de oficio, adquirió fama internacional como psíquico. Inicialmente, proclamaba recibir conocimientos sobrenaturales sobre la curación de todo tipo de enfermedades y dolencias. Su obra terminó extendiéndose hasta incluir lecturas astrológicas y revelaciones sobre vidas pasadas.

Cayce era un enigma, puesto que se proclamaba cristiano, tenía la costumbre de leer la Biblia y pensaba que era Dios quien le había dado su "don". No obstante, sus enseñanzas y prácticas eran abiertamente contrarias a las Escrituras.

Afirmaba que la "mente universal" le daba la información mientras dormía, o en un estado de trance. Un médico llamado Wesley Harrington Ketchum, que conocía a Cayce y creía en sus poderes de clarividencia, nos da esta descripción de la forma en que éste recibía su información:

> Procede de una comunicación directa con todas las otras mentes subconscientes, siendo [él] capaz de interpretar a través de su mente objetiva las impresiones recibidas, e impartirlas a otras mentes objetivas, recogiendo de esta forma todo el conocimiento poseído por incontables millones de mentes subconscientes.[1]

El que descarrió a Cayce fue un impresor de Ohio interesado en la metafísica y el ocultismo, llamado Arthur Lammers, quien lo engaño, haciéndole creer que la Biblia apoya la enseñanza de que todos tenemos vidas pasadas. "La reencarnación", alegaba Lammers, "sólo es la creencia de que el alma es eterna y aparece de nuevo a intervalos en otros cuerpos físicos, de manera que pueda seguir siendo instrumento de su propio desarrollo".[2]

En 1923, Cayce le hizo tres lecturas de la vida a Lammers, una de las cuales "reveló" que Lammers había sido monje en una vida anterior. "A partir de la semana pasada en Dayton [visitando a Lammers], el papel de las vidas pasadas se fue haciendo cada vez más prominente en la obra psíquica de Cayce, y sus lecturas, muchas veces bajo el interrogatorio de los presentes cuando entraba en el trance, se seguían extendiendo sobre temas que había mencionado primero en las lecturas sobre vidas pasadas."[3]

Después de esto, Cayce fundó la Asociación para la Investigación y la Ilustración, ubicada en Virginia Beach, estado de Virginia. Esta organización, que fomenta la parapsicología y sus dimensiones espirituales, hace uso todavía hoy de sus lecturas.[4]

Si le ha pasado como a mí, que ha estado pensando en quién habrá sido, si es que alguna vez fue otra persona, necesita arrepentirse de esto, puesto que es una puerta abierta a la actividad demoníaca.

Al estudiar a Edgar Cayce, tenemos que acudir de nuevo a la premisa básica de que no todo lo que parezca espiritual procede de Dios. El diablo se enmascara como ángel de luz. Leemos en Gálatas 1:6-8:

> Estoy maravillado de que tan pronto os hayáis alejado del que os llamó por la gracia de Cristo, para seguir un evangelio diferente. No que haya otro, sino que hay algunos que os perturban y quieren pervertir el evangelio de Cristo. Mas si aun nosotros, o un ángel del cielo, os anunciare otro evangelio diferente del que os hemos anunciado, sea anatema.

El lado hermoso del mal

En su libro *The Beautiful Side of Evil* ["El lado bello del mal"], Johanna Michaelsen nos hace graves advertencias con respecto a este tipo de engaño. En él cuenta su emocionante historia sobre la forma en que se involucró en las sanidades psíquicas y otras prácticas del ocultismo y la Nueva Era. Vale la pena leer la historia de sus primeros años de vida, porque es, entre otras cosas, un ejemplo clásico de la forma en que los espíritus generacionales o familiares van pasando por la línea de sucesión familiar. Yo encontré información abundante en su libro.[5]

La historia de Johanna

Johanna tenía una tía llamada Dixie que era médium, entraba en trance y estaba muy envuelta en el espiritismo. (Hablaré más sobre el espiritualismo en este mismo capítulo). Durante sus sesiones, se materializaban en la pared los rostros de los muertos, y toda la casa se estremecía y sacudía, como si estuviera en las garras de un gigantesco perro terrier. Ella despertaba del trance con un terrible dolor de cabeza, y sin recordar lo sucedido. Una persona de su familia recordaba que mientras estaba en trance, Dixie podía encontrar objetos perdidos, y tenía una fortaleza increíble. Murió en la década de los años veinte, sola, olvidada y en la indigencia.[6] Ya he hecho notar que muchas personas profundamente envueltas en el espiritualismo tienden a estar totalmente solas cuando mueren.

En 1975, Johanna descubrió que su tía había predicho que alguien de la generación de ella heredaría sus poderes. El curso de la vida de Johanna es muy similar al de otras personas cuyos familiares de generaciones anteriores han tenido algún tipo de participación en lo psíquico en el espiritualismo. Tal vez usted lo reconozca por haberlo hallado en su propia vida. A temprana edad, oía que los espíritus se manifestaban en su casa. Las puertas se cerraban de golpe, se oía el sonido de unos pasos pesados, y otros ruidos similares. Algunos espíritus se le aparecían con horribles manifestaciones de cosas como una cabeza cortada chorreando sangre.

Johanna era muy amiga de un obispo anglicano que había perdido a su hijo y, en medio de su dolor, había acudido al espiritualismo. A partir de aquello, comenzó a explorar el mundo de lo oculto por sí misma. Lamentablemente, dio el salto al ocultismo mientras asistía a un colegio universitario wesleyano, donde la calificaron de bruja porque se vestía de negro la mayor parte del tiempo. Esto nos debería servir de advertencia a todos los cristianos. Necesitamos tener cuidado antes de clasificar a alguien de brujo, sólo por la ropa que usa. Esto muy bien podría servir para darle el empujón final, como sucedió en el caso de Johanna.

Es revelador el hecho de que, una vez que Satanás se fina en una persona determinada, comienza a trabajar para demonizarla a través de sus circunstancias y relaciones. Así como Dios tiene un plan para cada uno de nosotros, también lo tiene Satanás. Esto es especialmente cierto con respecto a los que tienen un llamado de Dios a ser profetas. Satanás va a tratar de atraerlos a la telepatía, o convencerlos de que son médiums. Si la persona no tiene el adiestramiento adecuado, se va a dejar absorber por las prácticas ocultistas. En nuestras iglesias necesitamos informar a la gente acerca de los peligros de ciertas prácticas ocultas "introductorias", como la astrología. La Iglesia les debe dar un sólido fundamento bíblico a sus miembros, y enseñar contra toda forma de ocultismo.

La seducción del control mental

Johanna terminó metiéndose en el control mental. El método Silva le enseña a la persona a funcionar a voluntad con las ondas cerebrales "alfa". Este adiestramiento se divide en cursos, cada uno de los cuales lleva al estudiante a un nivel más alto. El primer curso (nivel uno) se llama "Relajación controlada". Esto les suena bien a los no creyentes, porque se les dice que van a ser capaces de dormir y despertarse cuando quieran, y ya no van a sufrir de dolencias como los dolores fuertes de cabeza. José Silva fue quien popularizó su método con la fundación de Silva International en Laredo, Texas, en 1966. Esto suena similar a los trances en que caía Cayce cuando se comunicaba con el mundo de los espíritus.

El siguiente curso, en el segundo nivel, se llama "La mejora general de sí mismo]. En él se enseña a dejar de fumar o de comer en exceso. También se les dice a las personas que van a poder controlar todo tipo de dolor o sangramiento. No es difícil comprender por qué hay gente que corre desesperada a buscar este tipo de cursos. Sin embargo, la Iglesia debería ser la que tuviera las respuestas a estas necesidades por medio de los dones del Espíritu Santo, y no un grupo ocultista. Es triste, pero la carencia de poder en la Iglesia lleva a la gente a correr en busca de un poder alternativo.

El estudio del control mental abrió la puerta para que el espíritu generacional procedente de Dixie, la tía de Johanna, obrara de manera abierta en su vida. Durante aquel tiempo, invitó a dos espíritus guías a entrar en su vida: "Jesús" y "Mamacita". En realidad, los espíritus guías son seres demoníacos que fingen ser espíritus útiles o ángeles, y que prometen proteger y guiar a quienes se les entregan. Es particularmente alarmante darse cuenta de que los ángeles de luz están dispuestos a fingir que son el propio Jesús. Hay muchos de estos espíritus que toman el nombre de Jesús, pero no son Jesús de Nazaret. Estos farsantes no le pueden traer la salvación a nadie.

La cirugía psíquica

La maestra de control mental de Johanna le habló de una mujer de ciudad México llamada Pachita, que había alcanzado el séptimo nivel y realizaba sanidades asombrosas. Pachita tenía un espíritu guía llamado Hermanito Cuauhtémoc, y éste era el que sanaba en realidad.

Johanna fue a visitar a Pachita y a Hermanito, quien habitaba en el cuerpo de Pachita. Se quedó pasmada al ver a Hermanito operar con un cuchillo herrumbroso. Cortaba el cuerpo y sacaba los tumores, con unos resultados asombrosos. Hasta decía que sólo con la ayuda de "dios" él podía hacer estas operaciones. *Ahora bien, ¿de qué dios hablaba?*

Johanna se fue sintiendo cada vez más desilusionada, porque las curaciones realizadas por medios ocultos sólo eran temporales. Aunque parezca que la persona es sanada por medio de un acto ocultista, Satanás nunca produce vida, sino que sólo trae muerte. He descubierto que quienes van a los sanadores ocultistas, quedan realmente habitados por un "espíritu de sanidad" demoníaco que coopera con el espíritu de enfermedad y hace que los síntomas disminuyan por un tiempo. Fingen una curación total, pero sólo para volverse más tarde contra la persona y matarla. Santiago 1:15 dice que el pecado, una vez consumado, da a luz la muerte.

El actor Andy Kaufman buscó una sanidad psíquica cuando le diagnosticaron cáncer en los pulmones. Sin embargo, Ramón Labo, quien cobraba grandes cantidades de dinero por sus servicios en las Filipinas, resultó ser un fraude, y Kaufman volvió poco después de regresar a los Estados Unidos. En casos como éste, Satanás no necesita un espíritu sanador para realizar su engaño. Todo lo que hace es que la persona ponga su fe en el sanador psíquico, y no en Jesús.

Johanna descubre a Jesús de Nazaret

Johanna se fue volviendo muy ecléctica en su sistema de creencias, y mezclaba el hinduismo, el espiritismo y el cristianismo. También comenzó a practicar yoga. Durante todo aquel tiempo, pensaba estar siguiendo a Jesucristo, por el nombre que tenía su espíritu guía. Por fin llegó su libertad en Cristo después de haber visitado L'Abri, en Suiza, donde Os Guinness le enseñó que sólo hay un Dios, y que se llama Jesucristo de Nazaret, Dios encarnado de manera totalmente exclusiva.

> Pero temo que como la serpiente con su astucia engañó a Eva, vuestros sentidos sean de alguna manera extraviados de la sincera fidelidad a Cristo. Porque si viene alguno predicando a otro Jesús que el que os hemos predicado, o si recibís otro espíritu que el que habéis recibido, u otro evangelio que el que habéis aceptado, bien lo toleráis.
>
> —2 CORINTIOS 11:3-4

Los espíritus que tenían cautiva a Johanna no la querían soltar. La trataron de atormentar, intimidar y destruir. Sin embargo, el poder de Aquél que es mayor, el verdadero Jesús, proveyó lo necesario por medio de su sangre derramada, para que ella fuera libre.

En el capítulo 9 hablaré de los pasos para renunciar a los espíritus guías.

El espiritualismo

En una ocasión en que un reportero le preguntó a Commodore Vanderbilt, el potentado de los ferrocarriles, qué había que hacer para volverse millonario, Vanderbilt le contestó: "¡Haga como yo: consulte a los espíritus!"[7] Entonces, hablando de las acciones del ferrocarril Central Pacific, añadió: "Se van a ir al... La señora Woodhull lo dijo en un trance".[8]

El espiritualismo, llamado también "espiritismo", es algo profundamente arraigado en la historia de los Estados Unidos y muchos países de América Latina. Vanderbilt era un espiritualista consagrado más entre los diez millones que existían en los Estados Unidos en la década posterior a la Guerra Civil.[9] En esta era se produjo un gran fanatismo cuyas raíces se entrelazaban con el movimiento a favor de los derechos de la mujer. No todos los miembros de este movimiento eran espiritualistas, pero su causa era inseparable del espiritualismo.[10]

Toques en la noche

El espiritualismo es una religión que algunas veces mezcla el cristianismo el ocultismo. En él hay médiums que caen en un trance para consultar a los muertos. Cayce era médium espiritualista.

Fueron las hermanas Fox, de Arcadia, estado de Nueva York, quienes lo popularizaron en los Estados Unidos. Según ella decían, todos sus encuentros sobrenaturales comenzaron en 1848, cuando comenzaron a oír toques, estrépitos y otros ruidos nocturnos, Kate Fox hablaba a los once años con unos espíritus invisibles. Para comunicarse con ellos desarrolló un sistema de toques. Al principio, un toque determinado significaba un "sí" por parte de los espíritus. Esto se fue complicando hasta el punto de que el número de toques correspondía a una letra del alfabeto. Por último, las personas que participaban caían en trance y los espíritus hablaban a través de ellas.

En Rochester, ciudad cercana, se comenzaron a oír toques también. Cuando se supo lo que estaba pasando, los curiosos comenzaron a llenar los edificios donde se habían oído los toques. Los espíritus se identificaban como personas que habían muerto y "pasado" al otro mundo. La Biblia nos alerta contra estos espíritus de seducción y estas doctrinas de demonios (vea 1 Timoteo 4:1-4).

Las influencias iniciales en el espiritualismo

Lamentablemente, una vez abierta la caja de Pandora del espiritualismo, se extendió con rapidez a Inglaterra, y recorrió el mundo entero.

Intrigadas por lo que se decía que estaba sucediendo en el estado de Nueva York, muchas personas acudieron a las enseñanzas de Emanuel Swedenborg, filósofo sueco y precursor espiritualista de las hermanas Fox. Swedenborg cayó en trance en 1750, y afirmaba haber visto el mundo de los espíritus. Le decía a la gente que en ese otro mundo, los hombres podían tener esposas y concubinas. *No es de extrañarse que sus enseñanzas atrajeran a tantos.*

En el otro extremo del espectro, Elizabeth Cady Stanton, pionera del movimiento pro sufragio de la mujer, también consultaba a los espíritus y afirmaba oír toques en su casa. La señora Cady fue figura clave en la primera convención sobre derechos de la mujer, en Seneca Falls. ¿Hasta qué punto han afectado estos lazos con el ocultismo al movimiento feminista, tanto en su etapa inicial como en el momento presente? Nadie sabe. Sin embargo, es importante que señale que no todas las líderes del movimiento pro sufragio femenino estaban envueltas en el ocultismo. Francis E. Willard, tal como observo en mi libro *Mujeres de propósito,* fue llamada por Dios para luchar por el derecho de las mujeres al voto, de manera que lo pudieran utilizar para proteger su hogar.

Ya en 1858, el espiritualismo se había extendido en el extranjero, y Allan Kardec se había convertido en uno de los líderes más visibles del movimiento en Europa. Escribió libros, dio conferencias y fundó la Sociedad Parisién para la Investigación Psíquica.

Espíritus falsificadores

Uno de los libros más iluminadores que he leído sobre el espiritualismo es *Challenging Counterfeits* ["Falsificaciones desafiantes"], de Raphael Gasson. En él cuenta cómo las hermanas Fox terminaron entregándose a la bebida y perdieron todo sentido de responsabilidad moral. Habla de cómo Margaret Fox, en presencia de su hermana Kate, declaró en una reunión antiespiritualista en 1888: "Estoy aquí esta noche, como una de las fundadoras del espiritualismo, para denunciarlo como una falsedad total; la blasfemia más perversa que el mundo haya conocido jamás".[11] Margaret se retractó más tarde de aquella declaración, pero ya habían comenzado las dudas sobre el espiritualismo. [12]

La liberación del espiritualismo

Mencioné anteriormente que Satanás busca de manera especial a quienes tienen un llamado de Dios. Los quiere absorber en el ocultismo. Uno de éstos, a quien Satanás trató de entrampar, es Chris Hayward, quien es actualmente el líder de "Cleansing Stream", uno de los mayores ministerios de liberación que hay en el mundo. Su ministerio se halla asociado al del respetado pastor cuadrangular Jack Hayford.

Dios usa a Chris de una manera especial para poner en libertad a los cautivos, y está muy capacitado para enseñarles a los demás a hacer lo que él hace. Un día, mientras nos hallábamos en una reunión del

llamado Concilio Apostólico de Ministerios de Liberación, encabe-
zado por C. Peter Wagner, le hablé a Chris del libro que estaba escribiendo y le pedí consejo.

Le presento a Chris Hayward

Chris me dijo que de joven había estado atrapado en el espiritualismo, y había creído firmemente que era correcto lo que estaba
haciendo. Su historia es fascinante porque, al igual que en el caso de
Johanna Michaelson, el enemigo lo atrapó por medio del engaño.

Chris procedía de una familia cristiana, pero una vez salidos de
Inglaterra, su tierra natal, sus padres se alejaron del Señor. Por un tiempo, estuvieron asistiendo a una Iglesia sin vida. Entonces, a los catorce
años, aunque no había nacido de nuevo aún, sintió hambre por la
verdad. Consiguió algunos libros de Edgar Cayce y leyó en ellos sobre
el tema de la reencarnación. A los dieciséis años supo de un lugar de
California llamado "el templo de Josué". Fue a visitarlo, movido por la
curiosidad. El templo era dirigido por un hombre que entraba en un
trance, y "Josué" hablaba a través de él.

Durante aquel mismo período de tiempo, Chris comenzó a hacer
algunos trabajos para una señora que tenía una biblioteca sobre ocultismo. Un día, ella le preguntó: "¿Crees en la reencarnación?" Estoy
segura de que Satanás había obrado para ponerlo precisamente en
aquel lugar y prepararlo para un engaño más profundo. La señora se
sintió muy contenta de ayudarlo y proporcionarle libros sobre la reencarnación y otros temas del ocultismo.

Todo aquel tiempo, seguía asistiendo al templo de Josué. Aprendió
a caer en un trance, y se convirtió en aprendiz de médium. Un día
puso en duda algo acerca de lo dicho por el líder, y el espíritu le dijo:
"¡Tienes que escucharme! ¡Tienes que hacer caso de lo que yo digo!"
Una de las cosas que suceden en estas sectas, es que los líderes quieren
mantener un control absoluto sobre la vida de sus seguidores.

Su progreso espiritual

Aquel encuentro sobresaltó realmente a Chris, quien comenzó a
dudar sobre la veracidad de lo que estaba sucediendo a su alrededor.
Sin embargo, seguía profundamente engañado. "Habría muerto por lo
que creía [por el espiritualismo]", me dijo.[13]

Entró al ejército y se convirtió en ayudante de capellán. Estando
en Vietnam, nació de nuevo gracias a un misionero que llevaba treinta

años en su campo. Aunque oró para recibir a Cristo, aún le quedaba por delante el proceso de salir del lado ocultista de su sistema de creencias. Los espíritus que lo controlaban no lo querían soltar, y la batalla fue grande. Me contó que en dos ocasiones distintas, los espíritus intentaron dominarlo físicamente y asfixiarlo. Ahora se ríe de esos incidentes como "trucos de salón" del enemigo destinados a impedir que siguiera a Cristo.[14]

Más tarde, Chris fue a visitar a la señora que le había dejado usar su biblioteca de ocultismo para hablarle del Señor Jesús. Dice que nunca se había enfrentado a una maldad tan intensa en su vida, procedente sin duda de los espíritus que rodeaban a aquella señora; ¡y se trataba de una mujer de más de ochenta años!

Después fue a trabajar con Walter Martin, quien escribió *The Kingdom of the Cults* ["El reino de las sectas"], y Dios lo llevó a continuación al ministerio que encabeza actualmente, y que trabaja con más de dos mil quinientas iglesias en los Estados Unidos y otras cincuenta naciones más en el mundo entero. Cada año, a través de Cleansing Stream, se les ministra personalmente a más de cincuenta mil personas en el aspecto de la liberación. Para regocijo de Chris, sus padres también se han convertido en firmes discípulos de Jesucristo.

La conversación con los muertos

El espiritualismo es un engaño que no sólo enredó a Chris, sino que lo hace con muchas otras personas más. Muchas veces el proceso de convertirse en médium comienza porque la persona tiene el sincero deseo de ayudar a los dolientes. Creen que les pueden facilitar que hablen con sus seres amados que han fallecido. No se dan cuenta de que los médiums no hablan con los muertos, sino que mantienen comunión con los demonios.

Gasson, en su libro *Challenging Counterfeits,* nos dice cómo cae el médium en estado de trance. Respira pesadamente, pero de repente deja de respirar del todo, hasta que el espíritu guía entra a su cuerpo para hablar. Esto sucede en cuestión de segundos desde el momento en que deja de respirar. El cuerpo del médium queda frío, como un cadáver, y cuando el espíritu habla a través de él, usa las cuerdas vocales del cuerpo que está poseyendo. La voz del médium sufre un cambio definido en el que adquiere los acentos reconocibles en el espíritu guía; es decir, reconocibles después de conocer algo a este guía. El médium mismo no está consciente de nada de lo que se dice o hace. Sólo le está sirviendo de canal al espíritu guía. Los otros que están allí sentados sienten la presencia del espíritu, ya sea por corrientes frías de aire que parecen esparcirse por la habitación, o por un calor que los llena de la misma forma.[15]

La psicometría

Hay un tipo de fenómeno espiritualista llamado psicometría. Esta práctica es considerada como el poder de hacer contacto personal con una persona viva que se halla en un lugar distinto a la persona que busca ese contacto. También puede ser un intento por hacer contacto con los espíritus de los muertos. Quienes la practican enseñan que se logra manejando algo, como una pieza de ropa que pertenece a la persona con la cual se quiere hacer contacto. Se usan con frecuencia estas detecciones psíquicas en los intentos por localizar personas extraviadas.

La masa ectoplasmática

Hay diferentes tipos de actividades mediúmnicas. Aquéllas en las que el espíritu se limita a hablar a través de la persona se llaman mediumnismo *mental*. Otro tipo es el llamado *físico*, en el cual se usa una masa ectoplasmática que pueden ver las demás personas que se hallan en la habitación.

Todo el que haya visto una película de horror, habrá presenciado la versión de Hollywood de lo que es la masa ectoplasmática. Los espiritualistas afirman que es un vapor espeso semiluminoso que brota de la boca, los oídos, la nariz, los ojos o el estómago del médium, y se ve de manera borrosa en la oscuridad. Este vapor, que se va volviendo sólido gradualmente a medida que va haciendo contacto con el ambiente natural de la habitación donde se celebra la sesión, recibe el nombre de ectoplasma.[16]

Gasson informa que si alguien trata de tocar esta masa, lo que sucede es que salta de nuevo al cuerpo del médium. Si se la trata de atrapar de repente, el médium grita o se enferma violentamente. El médium que atrapa de repente esta masa puede sufrir daños físicos, e incluso morir. Gasson, quien fue ocultista, escribe: "Yo mismo quedé ciego por cerca de veinticuatro horas después de un incidente así".[17]

Estas masas ectoplasmáticas toman la forma del rostro de una persona, y miran realmente a alguno de los que están sentados en la habitación. La aparición toma el aspecto de fenómenos extraños, y algunas veces llega a tomar el color de los ojos de la persona muerta. La forma más fuerte de este tipo de sesiones es la "materialización". Esto se produce cuando la masa ectoplasmática forma un cuerpo completo, y el espíritu camina alrededor de la habitación realmente, hasta hallar a la persona con la que quiere hablar. Se supone que la masa que se forma sea el espíritu de un muerto. También aparecen animales que toman igualmente la forma de un ser humano.

Probemos los espíritus

Estas manifestaciones no son personas muertas que regresan, sino espíritus. Siempre los debemos probar:

> Amados, no creáis a todo espíritu, sino probad los espíritus si son de Dios; porque muchos falsos profetas han salido por el mundo (1 Juan 4:1).

Es sumamente triste ver que las personas se puedan sentir tan desesperadas y se dejen engañar de tal forma, que busquen entrar en contacto con sus seres amados fallecidos. El dolor de la pérdida, sin el poder de Dios para consolarnos, es realmente una situación de desolación.

La cultura occidental ha sido infectada por la idea de que todo el que muere pasa a algún tipo de "más allá" agradable, sin que importe lo que hayan hecho en la tierra. Esto es creencia común, y constituye un gran engaño.

El espiritualismo hoy

Tal vez usted piense que la práctica del espiritualismo debe ser algo muy limitado en la cultura moderna de hoy. No es así. Aunque no haya espiritualismo en un nivel tan desarrollado como a fines del siglo XIX, sí abundan las creencias sincretistas entre los habitantes de Estados Unidos y también de otros países. Los habitantes de las montañas de West Virginia, de algunas partes de Texas y de otros lugares del país, usan aún de manera constante ciertos aspectos del espiritismo.

El autor Chuck Pierce me relató que en una ocasión vio a su abuelo decir un encantamiento frente a su propia mano.[18] Después apuntó hacia un nido de avispas, ¡y todas cayeron muertas! También me dijo que en su familia era normal que si algo había salido mal, había que ver si la persona había violado alguna creencia supersticiosa. Chuck habla de las fuertes migrañas que tenía a los veinticuatro años. Cuando se acostaba a descansar, recordaba algo que le hacía cantar su abuela contra los dolores de cabeza. Después de hacerse cristiano, se dio cuenta de que se trataba de una práctica ocultista, pero nunca se había arrepentido concretamente de estos cantos.

Un espíritu puede vivir en la carne sin tomar una posesión total de la persona. Somos un ser tripartito: espíritu, alma y cuerpo. Para poseer por completo a una persona, un espíritu tendría que dominar esas tres partes de ella. Esto no puede suceder en un creyente, porque nuestro espíritu habita con el Espíritu Santo. Sin embargo, es posible y frecuente que un cristiano sea oprimido por un espíritu que controla el alma o mente, la voluntad o las emociones, o influye sobre ellas. Si le damos lugar a lo oculto en nuestra mente, nos abrimos a la posibilidad de que los poderes demoníacos nos opriman.

Chuck no estaba poseído por Satanás, sino oprimido. Su participación en el ocultismo (por medio de los cantos) le daba derecho a oprimirlo, y esa opresión se manifestaba por medio de los dolores de cabeza. Además de esto, el espíritu que lo oprimía parece haber sido un espíritu familiar. Algunos espíritus salen cuando se renuncia a la participación en lo oculto, pero hay otros a los que se les tiene que ordenar que se vayan.

Él renunció a estos cantos, y de inmediato sintió que un espíritu familiar dejaba su cuerpo. Desde aquel día quedó curado de los dolores de cabeza.

La proyección astral

Otra práctica ocultista que podemos encontrar hoy es la proyección astral, o experiencia fuera del cuerpo. La proyección astral usa algo similar a la masa ectoplasmática para viajar fuera del cuerpo; sólo que en este caso, a la sustancia se le da el nombre de "sustancia astral".

En la proyección astral, el llamado "astral en bruto" permanece con el cuerpo, para mantenerlo en funcionamiento mientras que parte de su sustancia se proyecta (sale) para formar el cuerpo astral. Quienes la practican creen que la conexión con el astral en bruto debe permanecer; de lo contrario, la persona muere. Se hace esta conexión manteniendo un enlace llamado "el cordón de plata". Por raro que parezca, este nombre está tomado de Eclesiastés 12:6, donde se habla de un cordón de plata que se rompe para referirse a la muerte.

Los ejercicios astrales comienzan con una concentración en los *chakras*, o centros de actividad del cuerpo (la coronilla, la frente, la garganta, el corazón, el plexo solar, el ombligo y los órganos sexuales) y la tierra. Después, se usa la visualización para ver que sale luz de estos lugares. Por último, la persona se imagina que fluye una energía psíquica desde su cuerpo para formar un cuerpo astral.

El vigilante

Al principio, al estudiante se le enseña a formar un "vigilante". El vigilante es enviado a una persona que quiere visitar, o de la que quiere obtener algún conocimiento. Esto se hace sin permiso alguno por parte de la persona "vigilada". He descubierto que ésta es una de las formas que tienen los miembros de los grupos ocultistas de descubrir dónde están o qué están haciendo los cristianos. Esto nos ha sucedido a mí y a mis colaboradores en más de una ocasión, aunque sucede con menos frecuencia ahora, porque hemos enviado a los vigilantes corriendo de vuelta con una fuerte represión.

La persona que practica la proyección astral tiende a creer que el vigilante es una extensión de su yo astral. Sin embargo, lo más probable es que sea un espíritu familiar que va a recoger información y traerla de vuelta.

En Weatherford, Texas, donde solíamos vivir mi esposo y yo, estaba ayudando en cierta ocasión a un joven que había participado en un aquelarre, para que se librara de su pasado ocultista. Apenas nos enfrentamos directamente al problema, comenzamos a entrar en guerra espiritual. Concretamente, teníamos visitaciones ocultistas. Algunas veces, los espíritus aparecían bajo la forma de un gran ojo que todo lo ve (o tercer ojo). En el ámbito espiritual, los intercesores reunidos en mi casa y yo lo podíamos ver flotando. Le ordenábamos que quedara ciego y lo enviábamos de vuelta al lugar de donde había venido. Otras veces, los espíritus vigilantes nos espiaban por medio del uso de familiares, de los cuales ya hablé en el capítulo 4.

Los espiritualistas afirman que el vigilante forma un vehículo para que la mente consciente pueda viajar; algunos llaman a esto "viaje del alma". A veces, este vigilante aparece bajo la forma de un animal, sobre todo cuando es un satanista el que practica el viaje astral. Sin embargo, dentro del ocultismo hay quienes consideran que este simbolismo es peligroso.

Los viajes fuera del cuerpo

Los que se hallan en la etapa más avanzada de la proyección astral dicen tener la capacidad de formar realmente un cuerpo astral, mientras que el vigilante suele ser un cuerpo esférico más elemental. En esta práctica, la persona se acuesta y visualiza un vapor de color gris plateado que sale de uno de los chakras y forma lo que se llama una "figura clave". Después de formada ésta, la persona continúa el ejercicio, enviando su conciencia al interior de la figura clave.

Esta figura clave se mantiene unida al cuerpo por medio del cordón de plata. Los que practican la proyección astral sostienen que si usan demasiada masa astral, la persona que quieren visitar va a saber con mayor rapidez que ellos están allí; entonces, la masa podría regresar súbitamente al cuerpo, traumatizándolo.

Un encuentro personal

Hace años, estábamos en la zona de Seattle, Washington, orando, y nos dimos cuenta de que había una gran comunidad de la Nueva Era en esa zona. En particular, había un hombre que iba al frente de todos mientras desfilaban por la calle cantando: "Vamos a recuperar el terreno tomado por los cristianos".

Yo estaba parando en la casa de la señora que dirigía la organización que me había invitado a la ciudad. Un día, acerté a pasar junto a su cuarto. Me sorprendió ver a un hombre enjuto y fuerte con pelo entrecano. Usaba lentes y estaba vestido con pantalones azules de poliéster, cinto negro y camisa.

Entré a la cocina y le comenté a mi anfitriona que no sabía que su esposo había llegado a la casa, y que me agradaría conocerlo. Ella me miró muy sorprendida y me dijo que su esposo no llegaría en un buen rato. Enseguida volví al cuarto y reprendí a la "persona" que se había proyectado astralmente dentro de aquel hogar. Más tarde descubrí que el hombre que había visto coincidía exactamente con la descripción del cabecilla del movimiento de la Nueva Era en aquella zona, y que era el hombre que estaba dirigiendo los cantos contra los cristianos.

Es difícil decir si algunas de las experiencias que llamamos "fuera del cuerpo" son reales, o si sólo son prodigios engañosos. Satanás es capaz de producir unas experiencias falsificadas sumamente realistas, de manera que a veces es difícil saber lo que está sucediendo realmente en el ámbito espiritual. Un ejemplo de esto es lo que nos sucede en nuestros sueños; algunos de ellos parecen muy reales, pero están sucediendo dentro de un estado de sueño.

Quiero que sepa que no tenemos por qué tenerles miedo a este tipo de encuentros, sino que más bien nos deben proporcionar la oportunidad de llegar a comprender de forma más profunda la protección que nos da nuestra vida en Cristo Jesús. Mientras más conozcamos la autoridad que tenemos en los ámbitos celestiales, menos nos podrán amedrentar los que hacen proyecciones astrales, o las entidades demoníacas.

El sexo astral

Hay ocultistas que afirman que el "sexo astral" es sumamente agradable, puesto que un hombre o una mujer puede visitar a alguien.[19] Este tipo de contacto se le suele entregar al espíritu íncubo (masculino) o súcubo (femenino).

Si tenemos en cuenta lo que ya sabemos sobre los viajes astrales, no podemos descontar la posibilidad de que, cuando los sueños se vuelven sexuales al extremo, la persona haya sido visitada por alguien en forma astral.

Por supuesto, esto es el colmo en la invasión de la intimidad, y nunca se debe hacer. Si se siente incómodo con algo similar a esto, ore por su cuarto antes de dormirse, y pídale al Señor que lo proteja con sus ángeles. También he hallado que la lectura del Salmo 91 en voz alta es muy útil y protectora.

Es posible que alguna vez usted haya sentido una presencia en su cuarto. Tal vez oiga o sienta u suspiro, o incluso sienta como si lo hubieran empujado físicamente. Ha habido ocasiones en que un cuerpo astral me ha golpeado fuertemente, y me he quedado momentáneamente aturdida. Es posible que no se trate en realidad de un cuerpo astral, sino que un demonio conectado a quienes realizan la supuesta proyección astral haya recibido de ellos el derecho de atacarnos.

Los ataques procedentes del mundo espiritual han ido disminuyendo en mi vida a medida que he ido aprendiendo sobre la autoridad que tengo en el nombre de Jesucristo. El epílogo contiene una sección especial sobre la autoridad del creyente, que lo va a ayudar mientras va creciendo en este aspecto de su vida cristiana.

Mientras duerme

Aunque parezca extraño que los espíritus demoníacos puedan atacar de esta forma, incluso mientras la persona duerme, deténgase un instante y piénselo. ¿Por qué Satanás no nos va a atacar desde todos los frentes?

¿Ha tenido alguna vez una pesadilla horrible que lo ha despertado en medio de la noche? Hay ocasiones en que tenemos este tipo de sueños porque hemos estado sometidos a un ataque demoníaco.

¿Cómo saber si es esto lo que ha sucedido? En primer lugar, si el sueño es de naturaleza sexual, usted piensa algo como esto: *Yo nunca haría una cosa así.* O bien, *¿De dónde habrá salido semejante cosa?* Por lo general, se va a sentir muy contaminado por la experiencia.

Como lo señala el tema de este capítulo, los demonios son seres reales que pueden atacar a los cristianos, y tratan de hacerlo. Si usted siente que ha pasado por un ataque así, es importante que ore por sí mismo, o mejor aún, que le pida a otra persona que ore con usted para romper cuantas ataduras demoníacas se hayan producido durante el sueño.

Es crítico orar, tanto para quebrantar el poder de estos espíritus opresores, como para purificarse de la contaminación que traen consigo. Si no se hace esto, el enemigo va a tratar de usar estos sueños contra usted, para meterlo en algún tipo de tentaciones sexuales.

Le voy a dar un ejemplo de la forma en que esto funciona: Satanás envía demonios de lujuria, perversión o fantasía para tratar de abrir una puerta que le permita enviarle una tentación a fin de hacerlo caer en pecado. El espíritu íncubo (que toma forma masculina) y el espíritu súcubo (que toma forma femenina) van a tratar de excitarlo sexualmente en sus sueños. En ocasiones, las personas afirman haber sentido incluso que un espíritu así se ha acostado encima de ellas.

Este espíritu se le va a fijar a usted. Desde esta situación, su labor consiste en enviarle pensamientos perversos a la mente. Si usted le da a su mente la más mínima oportunidad de detenerse en esos pensamientos, o si tiene alguna iniquidad generacional de lujuria, estas cosas comienzan a trabajar juntas para formar una fortaleza.

El próximo paso que da Satanás consiste en enviarle una persona real para tentarlo y hacerlo caer en pecado. Si usted ha sido bombardeado por estos espíritus y se halla en una situación vulnerable, tenga en cuenta que hay quienes sucumben realmente a las tentaciones cuando han sido debilitados.

He aquí un modelo de oración para quebrantar las ataduras demoníacas:

En el nombre de Jesucristo de Nazaret, quebranto todo el poder de todos los espíritus sexuales que fueron enviados contra mí en la noche. Les ordeno en el nombre de Jesús que se alejen de mí. Padre, te pido ahora que me purifiques de toda la contaminación que proceda de este ataque demoníaco. En el nombre de Jesús. Amén.

Asegúrese de permanecer en la Palabra después de sucedido esto, y de llevar una vida mental pura. Si se produce de nuevo el ataque contra su mente o su cuerpo, resístase al diablo, y él tendrá que huir de usted.

El próximo capítulo habla sobre el satanismo. Los miembros del Cuerpo de Cristo no sabemos mucho sobre este aspecto, aunque los consejeros especializados en liberación están rescatando gente de las garras de los seres demoníacos que mantienen esclavizadas a las víctimas de los atropellos que se producen en los ritos satánicos. De nuevo, quiero insistir en que no debemos temer estas cosas. Dios no nos ha dado un espíritu de temor, sino de poder, de amor y de dominio propio (2 Timoteo 1:7).

En este capítulo hemos compartido una información seria de la que abre realmente los ojos. Sin embargo, no quiero que ningún cristiano se aleje de este libro lleno de temor. Le sugiero que ore diciendo algo semejante a lo que expresa esta oración de purificación:

Padre Dios, te pido ahora que me limpies la mente y el corazón de toda contaminación producida por la lectura de este capítulo. También ato a Satanás en el nombre de Jesús con respecto a cuantas ataduras espirituales yo haya tenido en mi vida mental, procedentes del ámbito demoníaco a través de alguna puerta abierta que tenga en mi vida mental, o a causa de los pecados de mis padres. En el nombre de Jesús. Amén.

Capítulo 7

La magia negra

Una advertencia: El material que contiene este capítulo no debe ser leído por niños pequeños. Tiene un fuerte contenido que puede producir terror en ellos. En cambio, los creyentes adultos maduros no deben tener miedo, porque las Escrituras nos amonestan a no permanecer ignorantes ante los artificios de Satanás. El Dios al que servimos es totalmente capaz de protegernos y limpiarnos de cuanta contaminación se produzca al leer acerca de la magia negra y otras prácticas ocultistas.

El 11 de abril de 1989 se hizo un extraño y horripilante descubrimiento en un escondido rancho situado al oeste de la ciudad mexicana de Matamoros, situada frente a Brownsville, estado de Texas. Allí fueron exhumados doce cadáveres. Cuando las autoridades lanzaron una extensiva búsqueda en aquel lugar, al que se ha llegado a conocer como el Rancho del diablo, se encontraron tres cadáveres más y una mezcla ecléctica de objetos usados en los ritos satánicos.

Una de las víctimas era un joven estudiante de premédica de la Universidad de Texas llamado Mark Kilroy. Mark se había encontrado con una joven compañera de estudios mientras andaba de bar en bar. Sólo más tarde se supo que lo habían secuestrado para usarlo como sacrificio humano en un tenebroso rito religioso afrocaribeño.[1]

Más tarde salió a la luz el hecho de que aquella secta lo había escogido porque era estadounidense blanco. El líder del grupo, Adolfo de Jesús Constanzo, pensaba que la muerte de un joven blanco le daría protección para su tráfico de drogas en suelo de los Estados Unidos.[2]

Su muerte fue brutal. Lo mataron de un machetazo en la cabeza y le cortaron las piernas. Usaron el cerebro en la ceremonia, y las distintas partes de su cuerpo, mezcladas con sangre de animales, las hirvieron en una caldera de hierro. Los miembros de la secta bebieron su sangre, creyendo que aquello los haría invencibles. Se trataba de un rito de magia negra.

Crímenes satánicos

Este macabro descubrimiento sacudió a muchos críticos que antes les habían restado importancia a los crímenes satánicos, y habían acusado a los fundamentalistas cristianos de exagerar con respecto a la amenaza que significaban. Sin embargo, México no es el único lugar donde los ritos satánicos se han vuelto asesinos. En numerosos departamentos de policía de los Estados Unidos se siguen recibiendo informes sobre cultos de adoración al diablo, ritos secretos y violencia relacionada con el ocultismo.

Estas cosas han sucedido en grandes ciudades, y también en pueblecitos tranquilos como Joplin, Missouri. Tal vez Joplin sería el último lugar en que se nos ocurriría que se pudiera producir un asesinato satánico, pero así fue.

Un adolescente del lugar, llamado Pete Roland, se involucró en el satanismo junto con sus amigos, Jim Hardy y otro llamado Eddie. A medida que se iban metiendo en el ambiente demoníaco, se fueron llenando la mente con los sonidos de la música de metal pesado tocada por grupos como Mötley Crüe, Black Sabbath, Metallica, Megadeath y Slayer. Muy pronto, se sintieron inspirados a matar animales pequeños. En el libro *Painted Black* ["Pintados de negro"], "Eddie" habla de la entrega total del trío de jóvenes a Satanás:

> Satanás es para los satanistas lo que Dios es para los cristianos. (Para ellos) Satanás lo sabe todo y lo ve todo. Y, como sucede con Dios, Satanás exige almas. A los satanistas se les enseña: "Estamos aquí para recoger suficientes almas, de manera que Satanás las pueda llevar a ganar la guerra con Dios y regresar al trono que le corresponde por derecho. Uno de estos días, Satanás va a tener un ejército lo suficientemente grande, y comenzará el Armagedón bíblico. Por otra parte, 'no hay un calendario absoluto fijado' para el apocalipsis satánico".[3]

Estos jovencitos escogieron un alma que ellos iban a recoger para Satanás. Su blanco era Steven Newberry. Lo escogieron porque lo clasificaron como indigno de seguir vivo. Es triste oír a la madre de Steven contar lo obsesionado que él estaba con la idea de que sus compañeros se iban a deshacer de él. Hasta compuso una historia acerca de hallarse en el fondo de un pozo, mirando al rostro de Hardy, su asaltante, que lo miraba a él desde arriba. Había otros estudiantes en la escuela que sabían que estaba en una lista de víctimas, y hasta la policía sabía que se estaba produciendo algún tipo de actividad satánica en aquella zona.

Nada de esto impidió que Hardy, Roland y Eddie pusieran en práctica sus creencias satánicas. Capturaron a Steven Newberry, lo mataron a golpes con bates de béisbol y lo tiraron a un pozo. ¿Por qué lo hicieron?

Una de las posibles razones es que sus mentes se habían vuelto lo que podríamos llamar "forradas en hierro", de tanto escuchar la letra de unos cantos que fomentaban la violencia gráfica, la muerte y la tortura. El uso abundante de drogas es otra de las causas posibles. Es obvio que estos tres jovencitos se habían desconectado de la realidad.

Aunque nunca he conocido personalmente a ninguno de los asaltantes, por lo que he leído y oído, parece justo pensar que estaban demonizados. Habían quedado insensibles como consecuencia de la música, las drogas y los ritos satánicos. En uno de estos ritos, Hardy le enseñó a Roland a defecar sobre una Biblia, gesto satánico tradicional que se remonta a las misas negras del siglo XV. Hardy le confió a Roland que el poder que tenía aumentaría increíblemente si podía matar a una persona.[4] La psicología que había operado en la secta de Matamoros era muy parecida.

Un toque de alerta

¿Por qué he incluido todos estos horrendos detalles en este capítulo? Porque algunas veces necesitamos un encuentro con la realidad. No tengo intención alguna de usar de sensacionalismo con el lado tenebroso de lo oculto, pero tampoco quiero que haya jamás otro padre o madre que pierda a uno de sus hijos a manos del ocultismo. Hay un proceso de educación por el cual todo el que tenga un hijo, o ame a los niños, necesita pasar. Necesitamos familiarizarnos con la historia, los símbolos y los sistemas de creencias de la magia negra y del satanismo.

Las ramas del satanismo

Hay muchas formas de satanismo. Algunos de los que se hallan involucrados en las artes negras u ocultas admiten abiertamente que sirven al diablo; otros niegan su existencia literal, pero usan su nombre. Hay un tercer grupo que describe a los espíritus guías o seres sobrenaturales, pero no llegan a identificar a estos espíritus como satánicos. Hay una inmensa cantidad de grupos satánicos, y algunos de ellos, como la Iglesia de Satanás, ofrecen la condición formal de miembro. Sin embargo, muchos satanistas como Roland operan con un estilo propio que se inspira en numerosas fuentes para creer su propio sistema diabólico de creencias.

Las prácticas satánicas de estos grupos van desde un hedonismo desvergonzado hasta malévolos conjuros, e incluso sacrificios humanos.

La ira contra los cristianos

Es interesante observar que la mayoría de estos grupos involucrados en la magia negra nunca dirigen sus ataques contra los hindúes, los budistas o la gente de otras religiones, sino sólo contra el cristianismo. Parece haber una fuerte ira dirigida hacia Dios, y todo el que esté conectado con Él. La gente de estos grupos parece tener el afán de echar abajo todo aquello que defiende el cristianismo.

La Iglesia de Satanás

Ciertamente, encontramos este desdén por el cristianismo en Anton LaVey, el fundador de la Iglesia de Satanás. Sólo tenemos que leer la historia de su vida para saber que estaba furioso contra la Iglesia y contra Dios. LaVey, quien afirma que hubo un tiempo en que tocaba el órgano en un carnaval y en unas reuniones de avivamiento bajo una tienda de campaña, dice esto sobre los creyentes:

> Los sábados por la noche veía a los hombres codiciando a
> las muchachas semidesnudas que bailaban en el carnaval, y
> los domingos por la mañana, cuando tocaba el órgano para
> los evangelistas con su espectáculo en tiendas de campaña,
> al otro extremo del sitio donde se celebraba el carnaval,

veía a esos mismos hombres sentados en las bancas con sus esposas e hijos, pidiéndole a Dios que los perdonara y los purificara de los apetitos carnales. Y al sábado siguiente por la noche, estaban de vuelta en el carnaval, o alguna casa de lenocinio. *Entonces supe que la Iglesia cristiana prospera en la hipocresía,* y que la naturaleza carnal del hombre es la que va a ganar, por mucho que se la purifique o castigue por medio de ninguna religión de luz blanca (cursiva de la autora).[5]

¿Quién se habría podido imaginar cómo el pecado de unos supuestos "creyentes" iba a apartar a un joven de dieciocho años de lo que habría podido ser toda una vida de servicio a Jesucristo, para lanzarlo al papel de echar a andar la iglesia de Satanás? Es para pensarlo. No sabemos quién tenemos en la Iglesia con nosotros, ni con quien nos encontramos a diario. Por tanto, tenemos la responsabilidad de llevar siempre una vida santa. Lo debemos hacer, no sólo para agradar a Dios y adelantar en nuestro propio caminar espiritual, sino también para ser un testimonio constante de fidelidad delante de los demás.

Unos comienzos favorables

LaVey fundó su Iglesia de Satanás el 30 de abril de 1966, en San Francisco, estado de California, y llegó a ser conocido como el papa negro. Escogió esa fecha en particular, porque en ella se celebra Walpurgisnacht, uno de los principales días festivos del ocultismo. Aunque no haya una relación directa, es interesante observar que Adolfo Hitler se suicidó el 30 de abril de 1945. Esta coincidencia se vuelve un tanto misteriosa cuando tenemos en cuenta que ha sido claramente documentado que la práctica de las "artes negras" por parte de Hitler fue vital para la existencia del Tercer Reich.[6]

La Iglesia de Satanás fue oficialmente reconocida como religión por el ejército de los Estados Unidos en 1967, y más tarde se le dio un reconocimiento mayor aún cuando un miembro de la Marina de Guerra pidió al morir que se le hiciera un funeral satánico. Esto fue hecho con toda una guardia de honor de la Marina, y el oficiante fue nada menos que el propio LaVey.

Comprendemos algo mejor la vida de LaVey cuando vemos su historia familiar. Aunque no hay evidencias concretas, él afirmaba descender de una abuela gitana procedente de Transilvania, lugar que, por supuesto, es donde vivió el infame Conde Drácula de la vida real. De ser esto cierto, no hay duda de que ella le habría transmitido leyendas de vampiros y brujas, y tal vez de espíritus familiares. En ese caso, lo más probable es que LaVey tomara de ella su amor por los libros sobre Drácula y los vampiros.

La Biblia Satánica

La *Biblia Satánica* define los puntos doctrinales del sistema de creencias de los satanistas. Según este libro, los verdaderos satanistas no creen en un diablo o Satanás real. Para ellos, el diablo es la fuerza tenebrosa que hay en la naturaleza, y que los seres humanos sólo están comenzando a penetrar.

Sin embargo, al estudiar a los satanistas, he encontrado que se contradicen. Aunque muchos digan que Satanás sólo es la fuerza tenebrosa de la naturaleza, se refieren a él como a una deidad. Se dirigen a él como a un ente real, en saludos como el de "¡Salve, Satanás!"

El sistema básico de creencias de los satanistas es el hedonismo en su forma más extrema. Los propios miembros admiten que su versión del satanismo es una filosofía flagrantemente egoísta y brutal. Tienen la creencia de que gran parte de la violencia que vemos en nuestra sociedad procede de aquéllos que no permiten que su propia naturaleza animal siga su curso. Como regla general, no creen en el más allá. Sin embargo, hay satanistas que creen en la reencarnación.

Los miembros de la Iglesia de Satanás no se reúnen en aquelarres, como las brujas, sino en lo que llaman "grottos" ["grutas"]. También tienen sus propias revistas, como *The Black Flame, The Raven* y *The Cloven Hoof,* que es la revista oficial de la Iglesia de Satanás.

Creencias

LaVey publicó en 1969, en *The Satanic Bible* sus nueve declaraciones de fe satánica. Esta lista codifica el sistema de creencias utilizado por muchos de los que se llaman satanistas. Un pequeño folleto llamado *The Safety Awareness Guide* ["La guía para conciencia de la seguridad"], publicado por el Centro Nacional de Justicia Criminal, dice que *The Satanic Bible* se vendió en 1988 en los recintos universitarios diez veces más que la Santa Biblia.

Las nueve declaraciones satánicas son las siguientes:

1. Satanás representa los excesos, y no la abstinencia.
2. Satanás representa la existencia vital, en lugar de unos sueños espirituales fantasiosos.
3. Satanás representa la sabiduría no contaminada, en lugar del autoengaño hipócrita.
4. Satanás representa la bondad hacia quienes la merecen, en lugar de un amor desperdiciado en gente ingrata.
5. Satanás representa la venganza, en lugar de volver la otra mejilla.
6. Satanás representa la responsabilidad hacia los responsables, en lugar de la preocupación por los vampiros psíquicos.
7. Satanás representa al hombre como un animal más, a veces mejor, y con mayor frecuencia peor que los que caminan en cuatro patas, el cual, debido a su "desarrollo divino espiritual e intelectual", se ha convertido en el animal más cruel de todos.
8. Satanás representa a todas esas cosas a las que se les llama pecados, puesto que todas ellas llevan a los excesos físicos, mentales o emocionales.
9. Satanás ha sido el mejor amigo que la Iglesia ha tenido jamás, puesto que le ha mantenido el negocio en funcionamiento todos estos años.[7]

Además de estas nueve declaraciones, LaVey escribe cosas como éstas: "Me mojo el dedo del medio en la aguada sangre de vuestro impotente y loco redentor, y escribo sobre su frente destrozada por las espinas: El VERDADERO príncipe del mal; el rey de los esclavos". Más tarde, añade: "Le miro a los vidriosos ojos a su temible Jehová, y le tiro de la barba; levanto un hacha y le rajo el cráneo comido por gusanos".[8]

Entre sus escritos hay un lema que dice: "Si alguien te golpea en una mejilla, dale un puñetazo tú a él en la otra".[9]

Los escritos satánicos, concretamente en las páginas de la web, sostienen que los satanistas no aprueban el uso de drogas, ni los sacrificios de niños o animales. Según *La Biblia Satánica*, un satanista sólo realizarían un sacrificio humano para liberar la ira de un mago, o para liquidar a un individuo totalmente odioso y que se lo merezca.[10] Sin embargo, aunque la organización no apruebe los sacrificios, algunos de los que se llaman satanistas, o que han adoptado los principios doctrinales del satanismo, se vuelven personas violentas. Como evidencia de esto, sólo tenemos que pensar en Mark Kilroy y Steven Newberry.

Los ritos satánicos

Además de escribir *La Biblia Satánica*, LaVey también escribió en 1972, *The Satanic Rituals* ["Los ritos satánicos"], publicados en 1972. Estos ritos satánicos son una mezcla de gnosticismo, cábala, hermetismo y elementos masónicos.[11]

El lenguaje que usa en los ritos es el "enoquiano". Se supone que se trate de un lenguaje mágico del que se cree que es más antiguo que el sánscrito. En *La Biblia Satánica* se presentan tres clases distintas de ritos: el rito sexual, el rito compasivo y el rito de destrucción.

El rito sexual es más conocido como el conjuro o encantamiento de amor. La persona lanza este encantamiento para atraer a sí a un nuevo amante, o para aumentar su apetito sexual. No se deben tomar a la ligera estos encantamientos. Yo sé de pastores de América del Sur que los han tomado a la ligera y han caído en pecados sexuales. Un pastor, después de conseguir un frasco con una poción de amor, se la echó encima por burla, y más tarde cayó en adulterio.

La caza de almas

La Biblia nos habla de mujeres que "cazan almas" con amuletos mágicos (vea Ezequiel 13:18-20). Aunque ésta es la única ocasión en que las Escrituras hablan de manera directa sobre la caza de almas por medio de amuletos, la advertencia en contra de esto procede directamente de Dios. Además, esto coincide con otras actividades ocultistas contra las cuales la Biblia nos ha advertido. Puesto que Dios usó unas palabras tan poderosas para condenar esos amuletos de cazar almas, y advirtió que quienes desobedecieran sus palabras no vivirían para ver el nuevo día, estoy convencida de que debemos tomar muy en serio este pasaje de Ezequiel.

Una amiga me contó la historia de un satanista al que ella llevó al Señor. Después de su conversión, comenzó a llorar y confesó que había colocado fetiches con conjuros dentro en los patios de las iglesias. Su propósito era hacer que los pastores cayeran en pecados sexuales.

Algunas veces, estos fetiches están hechos con tierra de cementerio, orina y cabello de las partes privadas del cuerpo. Mi amiga fue con él a desenterrar lo que él había enterrado. En todos los casos, los pastores habían caído realmente en pecados sexuales.

Orar por los pastores

Todos necesitamos orar continuamente por nuestros pastores, para pedirle a Dios concretamente que los proteja de estos encantamientos sexuales. Un conjuro solo no va a hacer tropezar a un hombre de Dios; sin embargo, los fetiches del tipo que aquel antiguo satanista había enterrado, activan el ámbito demoníaco. Si el pastor, o cualquier otro hombre, le ha dado al diablo una puerta de entrada en su vida, en específico por medio de un pecado del que no se ha arrepentido, entonces esas fuerzas de maldad tienen un poder mayor para causar estragos, tentaciones y confusión.

Aunque Satanás no es omnipresente ni omnisciente, sí ve las acciones malas del pasado y conoce las debilidades de la persona. Esto es lógico, porque esas mismas deficiencias son los lugares donde Satanás gana un lugar en la vida de la persona. Por ejemplo, si un hombre visita un lugar pornográfico en la internet, con lo cual está cometiendo un pecado, Satanás lo sabe, y sus colaboradores demoníacos hacen blanco en ese ser humano.

Es probable que el satanista desconozca las debilidades de ese hombre, pero sí las van a saber los demonios que influyen sobre el satanista. Por tanto, cuando el satanista entierra un fetiche en el patio de ese hombre, no es de sorprenderse que éste caiga en pecados sexuales más profundos. Sigue siendo el hombre quien toma la decisión de desobedecer a Dios y seguir los apetitos de su carne. No hay excusa al estilo de "el diablo me empujó a hacerlo" que nos libren de responsabilidad con respecto a nuestras acciones. El pecado es pecado. Sin embargo, los poderes demoníacos que hay tras el fetiche pueden tener un impacto cuando abrimos la puerta por medio de otros pecados.

Los hombres como blanco

Zeena, la hija de LaVey, escribió la introducción al libro de su padre llamado *The Satanic Witch* ["La bruja satánica"]. En este libro se les indica a las brujas cómo pueden atrapar sexualmente a los hombres. Sólo una persona que haya estado demoníacamente controlada por demonios sexuales perversos habría podido escribir tanta inmundicia. Dicho sea de paso, Zeena repudió más tarde a su padre, y afirmó haberle lanzado una maldición de muerte.

En el capítulo 10 hablaré más de la forma en que un líder, o cualquier otra persona, puede saber si le han lanzado una maldición, y qué hacer al respecto.

Más maldiciones

El rito de compasión se hace para ayudar a otra persona, o ayudarse a sí mismo en los aspectos de la economía, el trabajo, la salud, la escuela o cualquier otra cosa en la que la persona quiera triunfar.

El rito de destrucción es usado a partir de una base de odio, y es conocido como una maldición, un conjuro o un agente destructor.[12] LaVey añadió esta nota a la sección sobre el rito de destrucción:

> Asegúrate de que no te importe si la víctima vive o muere, antes de lanzarle tu maldición, y una vez causada su destrucción, deléitate, en lugar de sentir remordimiento.[13]

Estas maldiciones para destrucción han causado realmente la muerte de algunas personas. Diríamos que se las mata literalmente a base de odio, si no fuera porque sabemos que las maldiciones se producen en el ámbito espiritual y son algo demasiado serio. Los creyentes no tenemos que temer esto, pero sí necesitamos poder discernir cuándo nos han lanzado una maldición para destrucción. Algunas veces, hay enfermedades que nosotros consideramos sólo como una cuestión de la naturaleza; sin embargo, es posible que reciban su energía de una maldición.

Según John y Paula Sandford, de la Casa de Elías, los satanistas usan a veces la hechicería en maldiciones contra la Iglesia. Los esposos Sanford, que han entrevistado a antiguos satanistas y realizado una extensa investigación en este tema, nos proporcionan los detalles:

> "Oran" con cantos y ritmos para causar una serie de roturas mecánicas, estallidos de cólera, chismes, adulterios y

otras cosas, cuyas causas son desconocidas para nosotros. Tal vez parezca demasiado raro pensar que haya hombres y mujeres en el siglo XX [y ahora ya en el XXI] que se puedan dedicar a unas actividades tan malignas y evidentemente supersticiosas, y mucho menos que sean eficaces en ellas, pero Paula y yo hemos estado en guerra de oración directa contra aquelarres de brujas y hechiceros, y sabemos por experiencia la clase de cosas que pueden suceder. Durante una de estas batallas, Paula estaba encinta de Andrea. Una fuerza poderosa e invisible la empujó con tanta fuerza, que faltó poco para que se cayera por las escaleras. No fue cuestión de imaginación. Fue un intento real por hacerle daño.[14]

El legado de LaVey

LaVey murió el 29 de octubre de 1997, por problemas relacionados con el corazón. Blanche Barton, su compañera de largo tiempo, se convirtió en la gran sacerdotisa, y actualmente se identifica a Peter Gilmore como gran sacerdote. La organización, que posteriormente se trasladó de su famoso centro en una casa toda pintada de negro en San Francisco, tiene actualmente como dirección postal un apartado de correos de San Diego. No obstante, mantiene una fuerte presencia en el norte de California. Karla, la hija mayor de LaVey, fundó la Primera Iglesia Satánica en San Francisco el 31 de octubre de 1999. Zeena, quien había estado en un bautismo satánico de niña, opera una librería satanista en Los Ángeles, California.

Es iluminador saber que, al morir LaVey, Blanche admitió en entrevista al *San Francisco Chronicle* que LaVey sí creía en un Satanás real, y en el poder de las maldiciones.

"Él sí creía en el diablo", insistió Blanche Barton, la mujer rubia que es madre de Xerxes, el hijo de LaVey de cuatro años de edad. "Creía en la magia. La practicaba religiosamente." En este momento, Karla [la hija de LaVey] intervino para decir: "No creía en un diablo con cuernos y cola".

Los detalles sobre la forma exacta en que LaVey practicaba su magia era un tanto escasos. Por ejemplo, en una entrevista en 1967, LaVey le dijo a un reportero que él había puesto una pequeña maldición sobre los Baños Sutro

[en San Francisco] y "treinta y seis horas más tarde, el lugar
se quemó". [Los baños se quemaron en 1966].

¿Así que estaba haciendo este tipo de hechizos en
tiempos más recientes?, le preguntamos a Karla. "Eran de
una naturaleza más personal", respondió enigmáticamente.
"Y siempre eran merecidos."[15]

El "Hell Fire Club"

Precursor de la Iglesia de Satanás fue el llamado "Hell Fire Club"
["Club del fuego infernal"], que floreció alrededor de los tiempos
de la Revolución de Independencia de los Estados Unidos. El más
famoso de estos clubes fue el fundado por el barón inglés Sir Francis
Dashwood. Benjamín Franklin visitó el "Hell Fire Club" durante su
estancia en Inglaterra. No se sabe con claridad si participó en sus ritos,
o si sólo fue allí para ganar influencia política. Entre sus miembros se
hallaban el primer ministro británico, el canciller de hacienda, el Lord
Alcalde de Londres, el Príncipe de Gales y otros notables. La asociación misma estaba dedicada "a la magia negra, las orgías sexuales y las
conspiraciones políticas".[16]

En sus orgías sexuales, los miembros del "Hell Fire Club" se bur-
laban de los católicos. Sus prácticas eran tomadas de la masonería. No
obstante, es probable que fueran los llamados "Illuminati" quienes más
los afectaran. Los "Illuminati" fueron fundados por Adam Weisphaupt
en 1776 en Alemania. Weisphaupt estaba vinculado a una revolución
política, y su grupo usaba prácticas ocultistas. La organización instaba
a sus iniciados a asesinar príncipes y a influir sobre los hombres de
posición a base de seducir a los líderes y ganarse su confianza.[17]

Las misas negras

Los "Illuminati" tenían mala fama a causa de sus misas negras, una
de cuyas formas era la celebrada por nobles franceses, y que se remonta al siglo XV, cuando se descubrió que un hombre llamado Gilles de
Rais había secuestrado, torturado y asesinado niños de formas horri-
pilantes como parte de la celebración de la misa negra.

A todos los candidatos a ser iniciados entre los "Illuminati" los lle-
vaban por un largo túnel oscuro hasta un vestíbulo adornado con telas
negras y cadáveres verdaderos envueltos en sudarios.[18] La intención
de la misa negra era poner a la carne en un plano de igualdad con el
espíritu por medio de la lujuria y de la negación de sí.

Las artes ocultas

La lista de aquéllos cuyo pensamiento fue sincretizado al menos en parte dentro de los escritos de LaVey incluye a Alistar Crowley y otros de los que ha he hablado. Fue Crowley quien fundó la "Ordo Templi Orientis" (O. T. O.). Según el Centro Nacional de Justicia Criminal, se sabe de ella que tiene por todos los Estados Unidos centenares de templos en los cuales se puede practicar la magia negra.

La llamada "Process Church of The Final Judgment" ["La Iglesia del proceso del juicio final"] es una de las sectas asesinas más peligrosas que existen. Fue fundada en Inglaterra en 1963. Sus miembros creen que matar en el nombre de Satanás es en realidad matar por Cristo. Lo irónico es que también creen en el Dios de la Biblia. Es altamente probable que sus enseñanzas afectaran a sectas peligrosas como la "familia" de Charles Manson, y se sospecha que desempeñaron un papel en los infames asesinatos del "hijo de Sam" en Nueva York.

Hay otros grupos más recientes que practican la magia negra, como el Templo de Set, fundado por Michael Aquino en San Francisco. En el Templo se enseña que Satanás es un personaje real, y se alega que el satanismo clásico de LaVey es muy débil. El Templo saca sus enseñanzas de la brujería alemana y de las artes ocultas usadas por el Tercer Reich.

La protección contra los espíritus

La santería, el palo mayombe y la magia negra azteca-maya usan cuencos negros llenos de partes de cuerpos, sangre, monedas y otros artículos. Algunos carteles de drogas de América Central y del Sur siguen sus enseñanzas "por protección". Uno de esos grupos era el grupo del Rancho del diablo que mató a Mark Kilroy.

Hay quienes alegan que la santería, que usa un pollo o una cabra para sus sacrificios sangrientos, no es magia negra, sino blanca. Puede ser cualquiera de las dos cosas. En cambio, el Palo es magia negra con raíces en la cultura azteca-maya.

La santería se originó en Nigeria y fue exportada a Cuba durante los terribles tiempos de la esclavitud. Está mezclada con el catolicismo. En ella no hay principios absolutos. Tomemos, por ejemplo, un caso hipotético, tomado de un libro sobre la de santería, que ilustra sus creencias:

En un poblado de algún país latinoamericano, el sacerdote católico corta un árbol al que le hacen ofrendas los santeros del lugar. Él considera que está ayudando a sus vecinos al eliminar una tentación a practicar la idolatría, que es un pecado mortal. En cambio, los santeros piensan que el sacerdote católico ha causado un desequilibrio (o ashé) muy serio. Un santero consulta a un oráculo, quien le indica que el sacerdote católico va a sufrir las consecuencias de haber provocado este desequilibrio. Aquella noche, el sacerdote sufre un ataque al corazón y muere. Los cristianos denuncian a los santeros como miembros de una secta satánica que ha usado la magia negra para hacerle daño a un hombre santo.[19]

Cuando no hay principios absolutos, ni hay nada malo, las personas no están atadas por moral alguna. De esta manera están estructuradas muchas de las religiones de la magia negra.

Las raíces africanas

Muchas religiones ocultistas, como la macumba, la umbanda, la santería y el vudú, tienen raíces africanas. Esta afirmación no nace de un prejuicio, sino de una realidad histórica. No debemos aceptar ninguna forma de actividad ocultista, sólo por la cultura a la cual va unida. Si ha leído con detenimiento este libro, habrá notado que Satanás ha atacado a todas las regiones del mundo, y a todos los grupos étnicos. Nadie ha escapado a sus intentos de arrastrarnos hacia una u otra forma de perversidad.

La macumba

La palabra "macumba" es un término amplio con el que se abarca a muchas religiones similares. Es un tipo de hechicería que se halla por toda la América del Sur, aunque es más fuerte en Brasil. Es una mezcla de religión africana y espiritismo. Aunque hay diversas formas de macumba. Sus hechizos son muy fuertes y perversos. Evocan a los "espíritus del infierno", como dicen algunos de los que practican la umbanda, otra religión suramericana relacionada con ella. La magia negra que se halla en la macumba es una forma abierta de ocultismo, y no se trata simplemente de unos seres humanos primitivos que asustan a los demás por medio de la superstición. Yo me he encontrado este tipo de magia negra en Argentina.

Aunque comparte con la macumba sus raíces africanas, la mayor parte de las formas de umbanda serían consideradas como magia blanca. Por supuesto, como ya he señalado, el color de la magia no la hace menos pecaminosa. Ambas son formas de ocultismo.

El Necronómicon

Otra fuente de la magia negra más tenebrosa es el libro llamado *Necronómicon*. Es un libro de ritos y maldiciones sumerias que les abren las puertas a los principados. Se dice que hay puertas a la tierra que estos encantamientos abren, y que liberan a los demonios. Aun quienes se hallan profundamente metidos en la magia negra, advierten contra el uso de estos encantamientos a la ligera. La leyenda del Necronómicon dice que el autor, y otros que han jugado con sus encantamientos, han sido hechos pedazos. Se afirma que los asesinos de Columbine habían leído este libro.

Nietzsche

Nietzsche es otro filósofo cuyos escritos están leyendo jóvenes como los asesinos de Columbine. Sus enseñanzas abren a la gente al pensamiento ocultista. Entre en casi cualquier librería secular y revise sus escritos, si quiere tener una experiencia que le abra los ojos. He aquí una cita de este prolífico autor:

> Dios está muerto. Pero Dios está muerto como un *vampiro* que se alimenta con la sangre de los vivos. Dios está muerto, pero es posible que durante miles de años siga habiendo cuevas donde se presente su sombra. Estas sombras de Dios nos oscurecen la mente. Sin embargo, sólo son las fantasmagóricas sombras lanzadas por los engaños que nosotros mismos nos creamos, movidos por el temor (cursiva de la autora).[20]

Los abusos en los ritos satánicos

A fines de la década de 1980, los medios noticiosos se hicieron eco de miles de informes sobre niños que habían muerto o recibido daños físicos a manos de satanistas. El terror era acentuado por los horrendos testimonios de las víctimas y las angustiosas estadísticas. Hasta se estableció un circuito de seminarios preparados para ayudar a los padres a saber cómo apartar a sus hijos de estos daños. A estos crímenes contra los niños se les dio el nombre de "Satanic Ritual Abuse" (SRA, "Abusos en ritos satánicos"), porque muchas veces se producían durante unas tenebrosas ceremonias ocultistas.

Finalmente se estaban poniendo al descubierto las intrigas de Satanás, y el mundo entero estaba prestando atención. Pero el diablo no se iba a quedar tranquilo. Hubo una reacción en contra, en la cual los funcionarios del gobierno y los periodistas pusieron en tela de juicio las cifras que se habían dado. En 1992, el FBI aumentó la confusión sobre el SRA al publicar la obra *Lanning's Guide to Allegations of Childhood Ritual Abuse* ["Guía de Lanning a las alegaciones sobre abusos rituales a los niños"]. Este informe admite que "ciertamente se halla dentro de lo posible" que "unos cuantos individuos astutos y sigilosos" estén matando gente como parte de un rito satánico.[21] No obstante, Lanning desecha la idea de que sean "miles de criminales los que estén maltratando e incluso asesinando a decenas de miles de personas como parte de unas sectas satánicas organizadas".[22] El informe de Lanning cita la falta de cadáveres y de tumbas comunes como razón para sus conclusiones.

Es posible que el informe del FBI tenga razón en cuanto a la exageración con respecto al número de víctimas, pero esto no disminuye la seriedad del problema. La verdad simple y llana es que se está maltratando y asesinando a niños como parte de unos ritos satánicos. Uno solo sería demasiado, pero son muchos más.

"En todo el mundo occidental aumenta el número de terapeutas y otros tipos de profesionales de ayuda que están oyendo relatos de niños hasta de dos años, y adultos en su novena década de vida que describen historias escalofriantes de maltratos consistentes en sadismo sexual y pornografía, tortura física y manipulación psicológica altamente compleja", escribe la psicóloga Catherine Gould en el *Journal of Psychohistory*.[23]

Hoy en día, los consejeros como la doctora Gould están tratando a las víctimas sobrevivientes del SRA. En Denver, Colorado, JUSTUS Unlimited, una organización sin afán de lucro, ha informado que recibe al año más de siete mil llamadas relacionadas con el SRA.[24] Los periódicos de toda la nación han publicado artículos acerca de algunos de los que han muerto. En febrero de 1992, *Newsday* informó sobre la muerte de una mujer:

Los miembros de una secta de aquí [Nueva York] mataron a la balerina Monika Beerle en agosto de 1989. Después la descuartizaron y alimentaron con su carne a los indigentes como parte de un rito satánico, dijeron ayer fuentes de las fuerzas de seguridad después de arrestar a un miembro de la secta en relación con este asesinato.[25]

Los sacrificios humanos

Los líderes de la Iglesia de Satanás afirman que ningún satanista "con tarjeta" (se trata de la tarjeta roja de miembro que recibe la persona tras pagar cien dólares) mataría niños; sin embargo, en algunos de los escritos de los satanistas religiosos se admite que hay sacrificios humanos. Un grupo que se define a sí mismo como una hermandad de satanistas, aunque no está afiliado a la Iglesia de Satanás, afirma lo siguiente en su página de la web: "Nosotros no nos andamos con juegos, y con Satanás las cosas son reales… No estamos afirmando que no haya maltratos ni sacrificios humanos en el satanismo; creemos que esas cosas dependen de cada uno de los aquelarres o grupos ocultistas".[26]

Esta página de la web, una de las más tenebrosas creadas jamás, facilita un auténtico encantamiento para muerte que aparece con esta advertencia: "Tenemos aquí algunos encantamientos que son lo más oscuro de la magick. Si decides hacer uno de estos, pregúntate si realmente lo quiere hacer antes de intentarlo. Verás: éstos los hacemos por el puro placer de matar a alguien con magick".[27] ¡Uf! ¿Acaso maldecir a alguien para que muera, con la creencia de que esto va a suceder en realidad, no es tan malvado como tirar del gatillo de un revólver y asesinarlo físicamente? Jesús dijo que si cometemos adulterio en nuestra mente, lo habremos cometido de verdad.

Por supuesto, tal como ya señalé, Dios puede proteger a los cristianos de estas maldiciones. Además, no está garantizado que este tipo de maldiciones tenga efecto alguno; ni siquiera para el satanista. La imposibilidad de confiar en el diablo forma parte de su naturaleza.

Una consejería adecuada

Me han llamado muchas personas que se han visto enredadas con alguien que ha sido víctima del SRA y que en realidad no quiere ser sanado. Este tipo de víctima consume por completo la vida de sus amistades. Mi consejo a todo el que encuentre una de estas víctimas del SRA es que ore y le pida a Dios que lo dirija hacia los que le pueden dar ayuda profesional a la víctima.

Loren, el hijo de John y Paula Sandford, es el pastor de New Song Fellowship, en la zona de Denver, Colorado. Durante una temporada, él y los miembros de su iglesia les ministraron extensamente a las personas con desórdenes disociativos (llamados también desórdenes de personalidad múltiple). La mayoría eran víctimas del SRA. Sin embargo, a medida que fue aumentando su labor, este ministerio llegó a consumir su tiempo, y a interferir con la vida misma de la Iglesia. Ahora considera que la congregación local no debe tratar de darles terapia a las personas que son víctimas del SRA. Invariablemente, las iglesias que hacen esto son arrastradas y reciben fuertes daños. Conozco algunas que han quedado destruidas.

Esto no quiere decir que las iglesias deban cerrar sus centros de consejería. No obstante, pienso que Dios ha llamado y ungido a ciertos líderes como James G. Freisen para que inicien y dirijan los ministerios de consejería a las víctimas del SRA. Necesitamos más personas adiestradas para hacer este tipo de trabajo y centros de inserción para ayudar a las víctimas del SRA, de manera que puedan progresar en su recuperación dentro de un ambiente de seguridad.

El camino a la recuperación

En su libro *Uncovering the Mystery of MPD* ["Descubrir el misterio de MPD"], Friesen presenta relatos verídicos de primera mano sobre personas que han sido víctimas del SRA. También ha visto víctimas que han sido capaces de recuperarse y caminar por la vida con éxito y de una manera productiva después de la terapia. Uno de estos relatos habla de una mujer que comenzó a tener recuerdos de que sus padres la habían consagrado a Satanás a los seis años. También fue violada y más tarde, sacrificaron a su hijo.[28]

Los consejeros como Freisen me dicen que cuando tienen su primer encuentro con una mujer que afirma haber sido víctima de un crimen ritual satánico, le piden que vaya al médico para ver si alguna vez ha tenido un hijo. Es corriente que las víctimas afirmen que les han quitado un hijo. Un líder me dijo que una mujer muy traumatizada a la que estaba aconsejando acudió al médico, quien la examinó y descubrió que nunca había estado embarazada. Por supuesto, esto no quiere decir de ninguna forma que no tengan validez los relatos de aquellas mujeres de las que se ha abusado, robándoles su hijo o liquidando su embarazo.

Hay que enfrentarse a los hechos

A pesar de todas estas realidades, no son muchos los que están preparados para enfrentarse al SRA. Es necesario que se ocupen de las víctimas unos consejeros debidamente adiestrados. Leí en un lugar la sugerencia de que todo cristiano debería estar dispuesto a abrir su hogar privado para ministrarles a estas víctimas. Aunque estoy de acuerdo en que debemos estar dispuestos a ayudarlos a escapar, es necesario tener un fuerte discernimiento en cuanto a si en realidad quieren ayuda, o no.

He oído numerosas historias de pastores en cuyas iglesias se han infiltrado satanistas, fingiendo tener una experiencia de salvación. También lo hacen con los grupos de oración, donde fingen ser sumamente proféticos. En estos días necesitamos pedir como nunca antes que el don de discernimiento de espíritus opere en nuestra vida.

Una excelente fuente de información sobre el satanismo y el SRA es el libro *Like Lambs To The Slaughter* ["Como ovejas para el matadero"], de Johanna Michaelsen.[29]

Son tantos los peligros y las trampas tendidas ante nuestros hijos hoy por medio del satanismo y la magia negra, que me siento movida a proporcionar un muestrario de símbolos ocultistas. Los presento en un apéndice al final del libro. Todos los creyentes necesitan estar conscientes de lo mucho que se ha infiltrado en la sociedad este mal, y poderlo identificar tal como es. Necesitamos saber que en realidad no existe eso de magia blanca y magia negra; todo esto es maligno y de inspiración demoníaca. Los que han practicado la magia negra se burlan de la idea de que haya alguna diferencia entre ambas. "La magia es magia", afirman.

Una oración para pedir protección

Estoy consciente de que parte del material presentado en este capítulo tiene que resultar una sacudida para todo el que no haya tenido conocimiento de las realidades de la magia negra. Es cierto que no nos debemos meter en cosas que son mayores que nuestra comprensión, y que siempre nos debemos mover con sabiduría. Con todo, no hay por qué tener miedo a estas cosas.

Algunos escritores han espantado a los cristianos, haciendo que no se enfrenten al enemigo. No comprenden la autoridad que tienen en Jesucristo, ni tampoco que Satanás ya está derrotado. Necesitamos un equilibrio. Si usamos de sabiduría, y nos cubrimos adecuadamente con oración, no hay razón alguna para que temamos a Satanás y sus intrigas.

A continuación presento una oración para que usted la diga, de manera que quede purificado de cuanta inmundicia le puede haber tocado como consecuencia de la lectura de este capítulo:

Padre Dios, te doy gracias por la sangre del Cordero, que me limpia de toda injusticia. Te pido que me purifiques ahora de todo lo que no sea santo, o que sea demoníaco, y que trate de atacarme como consecuencia de la lectura de este capítulo. Satanás, te ato para que no te puedas vengar en mí, en mi familia o en mis posesiones, en el nombre de Jesucristo de Nazaret. Gracias, Señor, porque tu nombre está por encima de todo nombre, tanto en el cielo como en la tierra. En el nombre de Jesucristo. Amén.

Capítulo 8

Proteja a su familia del ocultismo

He escrito este libro con tanto detalle para atraer su atención. ¿Ya tiene los ojos bien abiertos? Si ha captado mi mensaje, entonces a estas horas sabrá que el ocultismo con todas sus variaciones se está convirtiendo en algo aceptado dentro de nuestra sociedad, y que su blanco principal son nuestros hijos. En mis viajes por todo el mundo, he podido ver personalmente que esto es cierto en los Estados Unidos, Europa, América Latina, Asia, África y todos los lugares donde voy.

Si usted es como yo, a estas horas se estará preguntando: *¿Cómo puedo proteger a mi familia? ¿Qué hago para impedir que el ocultismo influya sobre mis hijos? ¿Puedo hacer algo más, además de orar?*

Por supuesto, usted necesita romper cuantos lazos hayan tenido usted, su familia o sus antepasados con el ocultismo. Como ya he mencionado, vamos a ver esto en los capítulos 9 y 10.

También hay formas de proteger a su familia. Una de las mejores cosas que pueden hacer los padres, es estar pendientes de señales que indiquen que sus hijos están participando en cualquiera de las actividades sobre las cuales los hemos alertado en este libro, y comprender hasta qué punto se ha adentrado en el ocultismo ese hijo suyo, o no lo ha hecho.

131

Niveles de participación en el ocultismo

Para comprender plenamente el ocultismo y la amenaza que significa para nuestras familias, es importante que nos demos cuenta de que hay diversos niveles de participación en él.[1] A base de obtener información procedente del Equipo de Trabajo Nacional de Justicia Criminal, del libro *Painted Black,* de entrevistas personales con gente salida del ocultismo, y de otros recursos, he podido dividir en diversas etapas la participación en el ocultismo. Aunque la participación a cualquier nivel es pecado, obviamente, mientras más profundo vaya la persona, mayor será el daño espiritual. La comprensión de estos niveles de participación nos va a ayudar a reconocer el ocultismo y la gente involucrada en él, y tratarlos de la manera debida.

Los buscadores de emociones

Éste es un nivel de la participación más bien inocente. En él se incluyen cosas como leer las predicciones astrológicas, leer las hojas de té, usar tableros de *Ouija,* ver películas de terror y practicar ciertas supersticiones. Por lo general, no le pasa por la mente al que participa en estas cosas, que en realidad se está involucrando en lo oculto. De hecho, muchos se sorprenden con frecuencia cuando se les dice que han estado participando en prácticas peligrosas.

Lo que he hallado es que casi todo el mundo, cuando llega a la edad adulta, ha participado de alguna forma en prácticas ocultistas, o al menos ha estado en contacto con alguna práctica ocultista. Esto puede haber sucedido con la lectura de su predicción astrológica diaria en un periódico, o por haber ido a un carnaval donde les leyeron la palma de la mano, o sencillamente, por haber visto películas de horror como *Drácula.*

El nivel marginal

La participación a un nivel marginal se acerca más a la práctica seria y deliberada en lo oculto. Algunas de las prácticas realizadas a este nivel también se moverían de un nivel a otro. La diferencia estaría en la intención del que las realiza. Por ejemplo, los que juegan *Magic: The Gathering,* podrán darse cuenta o no de que se trata de un juego ocultista. E comprensible que quienes no tengan una comprensión clara de lo que es el ocultismo, consideren este juego como simple fantasía y diversión. Por otra parte, los que ya se han involucrado en el ocultismo a cualquier nivel, se sienten atraídos hacia este juego, como los wiccans sienten atracción por *Harry Potter*. La persona que ha estado experimentando con la hechicería, el control mental u otras clases de adivinación, encuentra prácticas similares en *Magic: The Gathering* y otros juegos. Al que anda en busca de emociones, le es fácil pasarse a este nivel marginal. La persona que miraba de vez en cuando una carta astrológica a un nivel más inocente, comienza a leer su horóscopo con regularidad. De igual manera, la música de metal pesado también puede arrastrar a la persona a un nivel más profundo de participación en el ocultismo. El cantante pop Eminem ha recibido varios premios de música, a pesar de que sus canciones exaltan la violación y el asesinato. Esta amplia aceptación de ese tipo de música demuestra que como sociedad, no reconocemos cómo el quebrantamiento de las normas morales nos hace más susceptibles a meternos en prácticas ocultistas.

Otro tipo de participación a nivel marginal es la lectura de las cartas tarot. Tal vez se trate de un grupo que decida ir a que les lean la palma de la mano, sólo para divertirse. Por lo general, las cartománticas también tienen cartas tarot. Entre los que van a que les lean la palma de la mano, algunos estarán buscando algo más que un momento emocionante. Es posible que comiencen a querer realmente, no sólo que se les diga la buenaventura, sino también saber echar las cartas tarot.

Cuando una persona alcanza el nivel marginal, suele comenzar a experimentar con drogas y relaciones sexuales inmorales, lo cual sucede con frecuencia en las fiestas. Los antiguos ocultistas me dicen que aquéllos que están seriamente envueltos en el ocultismo les ofrecen a los recién llegados drogas o bebidas alcohólicas, los drogan y los meten en prácticas sexuales, con la intención de ganarse su confianza, y terminar metiéndolos más profundamente en el ocultismo. Algunas veces, estos ocultistas les toman fotografías a los recién llegados, y las usan después para chantajearlos si no acuden a otras reuniones, o si no quieren participar a un nivel más profundo.

Algunos de los que terminan en el ocultismo, comienzan por leer libros como el *Necronómicon,* o los escritos de Nietzsche. Habrá quienes se pondrán a leer *La Biblia Satánica* por fascinación. En el colegio universitario tuve un amigo que leyó este libro. El libro lo confundió e hizo que dudara de su salvación.

Es posible que quienes participan en los juegos de representación de papeles, comiencen a hacerlo como buscadores de emociones, pero muy pronto progresan al nivel marginal, y más allá de él. Sean Sellers es el joven que mató brutalmente a sus padres. Era jugador de *Dungeons and Dragons*. Yo pienso que hubo conexión entre este juego de representación de papeles y sus detestables actos criminales. Sellers, como la mayoría de los jugadores, se dejó arrastrar por la emoción, la energía y el desafío del juego. Se lanzó a jugar *Dungeons and Dragons* de tal forma, que el juego lo consumió y capturó su imaginación. Entonces, tomó la violencia que halló en este juego de fantasía, y cruzó la línea hacia el mundo real. Para Sean, el mundo fantástico de *Dungeons and Dragons* se convirtió en su realidad, y actuó en consecuencia. Este juego en especial es capaz de arrastrar con rapidez a sus jugadores hacia el ocultismo a un nivel muy profundo.

Los practicantes

Los practicantes tienen una participación mucho más intencional en el ocultismo. Es posible que comiencen a usar más drogas y leer continuamente libros sobre el satanismo, además de continuar con sus prácticas sexuales inmorales.

A los jóvenes, este nivel de participación en el ocultismo les parece emocionante, porque les ofrece poder. Muchos le están buscando sentido a su vida; algunos se sienten fuera de control. Piensan que los ritos de satanismo o de brujería los van a poner al volante, por decirlo de alguna forma. Creen que estas prácticas les permiten tomar el control de su vida, o incluso hacerles daño a quienes les han hecho daño a ellos. Ven que pueden lanzar un conjuro positivo que los ayude a terminar su tarea escolar, o uno destructivo con el cual "castigar" a un jefe poco agradable. A partir de este punto, no sólo practican, sino que se comienzan a formar un sistema de creencias centrado en lo oculto. Con frecuencia, esto señala un drástico alejamiento de los principios morales en los que han sido educados.

El nivel más complejo

En este punto, los practicantes escogen la dirección que quieren seguir para entrar a la práctica real e intencional del ocultismo. Algunos profundizan más en un nivel más complejo de magia blanca. Otros se dedican a practicar el satanismo o la magia negra. Tal como señalé en el capítulo 4, los wiccans tienden a practicar la magia blanca, y alegan que ellos no lanzan conjuros dañinos. Son muchos los que conocieron por vez primera la brujería al leer libros como *Harry Potter* y otros de tema ocultista, y toman este camino. No en balde la wicca ha tenido un avivamiento tan grande. Los que toman el camino de la magia negra se asocian algunas veces con la Iglesia de Satanás o con algún otro de estos tenebrosos grupos ocultistas. Otros tienen su propio estilo, y muchas veces mezclan la magia blanca con la negra.

Los ocultistas a su manera

Los que se hallan en este nivel no suelen formar parte de una secta organizada, como el Templo de Set o la Iglesia de Satanás. Por lo general son autodidactas y eclécticos en su sistema de creencias ocultistas. Éste es el nivel en el que operaba Pete Roland, de quien hablé en el capítulo 7. Aunque no todos los ocultistas a su manera se convierten en asesinos, muchos como Roland terminan cometiendo actos de violencia.

Es frecuente en este nivel que un par de amigos desarrollen juntos lo que ellos creen. Uno de ellos, que ha estudiado por su cuenta, se convierte en el "líder del círculo", y les comienza a enseñar a los demás. Este nivel es sumamente peligroso, puesto que es frecuente que los involucrados mezclen las drogas, la música de metal pesado y los juegos de representación de papeles en la religión que se fabrican ellos mismos. Como consecuencia, la fantasía se convierte en realidad para ellos, y la viven realizando actos de brutalidad, como matar animales o personas.

Puesto que se mueven a su manera, los ocultistas que se hallan en este nivel usan la magia blanca o la negra, y algunas veces las combinan.

El nivel serio

Los que se hallan en el nivel serio, forman parte de un grupo organizado. Han ido progresando a través de los niveles anteriores, aunque sin una ruta fija. Es posible que hayan estado con los wiccans por un tiempo, o que hayan leído las obras de Anton LaVey y hayan tratado de lanzar conjuros. Aunque el practicante haya avanzado antes hasta el nivel complejo al tomar una decisión con respecto a su dirección general dentro de lo oculto, en este nivel serio es en el que se sumerge plenamente en la práctica de una o más ramas del ocultismo.

Tanto si en los demás niveles tratan de guardar secreto sobre su participación en el ocultismo, como si no lo hacen, lo cierto es que, al alcanzar este nivel, suelen actuar en secreto.

Sería un error pensar que estas personas sólo son lo peor de la sociedad. De ninguna manera. Le asombraría saber quiénes son. Hay maestros, abogados, terratenientes y banqueros. También hay médicos y enfermeras. La mayoría de ellos actúan en su trabajo de una forma profesional. Sin embargo, algunos han utilizado su posición de poder para extender su religión demoníaca. De hecho, aunque gracias a Dios se trate aún de algo que sucede raras veces, yo tengo amigos que han sido atacados por gente metida en el satanismo.

En una ocasión, a un cristiano que estaba hospitalizado después de tener un ataque al corazón, le faltó poco para morir. El Señor le habló a un intercesor para que fuera al hospital, porque aquel cristiano se hallaba bajo un ataque satánico. Cuando el intercesor llegó, no había nadie atendiendo a su amigo, y se estaba muriendo desangrado. Le habían puesto dos agujas intravenosas en el cuerpo a aquel hombre hospitalizado; una en cada brazo. Una de ellas contenía algo que resultó ser una sobredosis de una sustancia para licuar la sangre. La otra parecía haber sido sacada de lugar a la fuerza, y le estaba corriendo la sangre por todo el brazo. El intercesor pudo corregir aquella situación y salvarle la vida. Más tarde se supo que el paciente había visto a un ayudante del hospital usando un anillo ocultista con una cabeza de macho cabrío. Aunque no pudieron probar que el ayudante había causado el problema, estaban seguros en su espíritu que había una conexión con lo sucedido.

Siempre es importante que estemos alertas cuando tengamos a un ser amado en el hospital; no se trata de sentir miedo ni paranoia, sino sólo de estar alertas. Hay ocultistas que trabajan en unidades médicas y, de vez en cuando, usan su posición para extender la causa demoníaca. No obstante, tenemos que recordar que Dios es el gran médico que puede sanar y lo hace por medio de los milagros, y por medio del personal médico capacitado.

Es crítico comprender que quienes alcanzan el nivel serio están entregados a lo que hacen. Entre los que participan en el satanismo, hay quienes consideran a los cristianos consagrados como una amenaza. Los siguientes grupos y prácticas se hallan en el nivel serio:

1. La iglesia de Satanás
2. El Templo de Set
3. La wicca
4. La santería

El nivel criminal

El último y más tenebroso de estos niveles de dedicación es el criminal. Los ocultistas de este nivel no quieren que los descubran, y tratan de cubrir su rastro.

Por supuesto, Dios puede descubrir y relevar lo que haga falta cuando nosotros oramos. En una conversación con un antiguo satanista, que es ahora un cristiano consagrado, recibí una información muy interesante. Me dijo:

¿Sabe una cosa? Ustedes los intercesores están en lo cierto cuando estudian estratégicamente una zona. Siendo yo satanista [no me dijo si lo era de estilo propio, o pertenecía a la Iglesia de Satanás u otro grupo], tomábamos como blanco diferentes zonas, y después trazábamos un círculo alrededor de su circunferencia para comenzar a infiltrarnos en ellas.

Una de las cosas que hacíamos era entrar a los terrenos de las escuelas y enterrar allí un fetiche para comenzar a maldecir a esa escuela. Entonces, nos quedábamos dando vueltas por fuera de la escuela y les dábamos a los jovencitos dulces y drogas a fin de atraerlos al ocultismo.[2]

Necesitamos orar por nuestras escuelas y por nuestros hijos, para protegerlos de las actividades satánicas. Aunque ya se sabe que es necesario que nuestros hijos no hablen con extraños ni les acepten nada que les den, ésta es otra razón más para enseñárselo.

Los ritos ocultistas

Uno de los tipos de crimen que cometen algunos ocultistas, son los sacrificios sangrientos. Los que practican la magia negra en serio dicen que las maldiciones lanzadas por medio de un sacrificio sangriento son muy fuertes, y si se trata de un sacrificio humano, son las más fuertes de todas. Si se ha hecho un sacrificio humano, esto podría requerir ayuno para quebrantar sus efectos. En su libro *The Black Arts* ["Las artes negras"], Richard Cavandish menciona dos razones principales para que se haga un sacrificio real:

1. *Para proporcionar energía.* Se considera que la sangre es la fuente de la energía vital, de manera que ésta es liberada en el sacrificio.
2. *Para darles una carga psicológica o "placer" a los participantes.* Cavandish, que es un autor destacado en cuanto a las

tradiciones ocultistas, sostiene que ésta es la razón principal del sacrificio.cl

Yo voy a añadir una tercera razón a esta lista:

3. *Para llenar de poder la maldición, liberando a un demonio de alto nivel, a fin de asegurarse de que la maldición se convierta en realidad.* Puede ser un espíritu de muerte, un espíritu de destrucción, o algún otro demonio poderoso. Algunas veces los satanistas le dan a esto el nombre de "odiar hasta matar".

En la escena de un crimen, es posible que la policía busque ciertos indicios típicamente exclusivos del satanismo y de la brujería, a fin de reconocer que se trata de un crimen ocultista. Entre otras, están las siguientes:

1. Burlas contra el cristianismo con símbolos o liturgias.
2. Cruces invertidas.
3. Artefactos cristianos robados.
4. Velas negras.
5. Cruces dobladas o rotas (usadas como símbolos de paz).
6. Dibujos y escritos en paredes y calles.
7. Pentagramas dibujados en las paredes o los pisos (algunas veces hechos con sangre).
8. Cabezas de machos cabríos usadas como señal de lealtad a Satanás.
9. Alfabetos o escritos imposible de descifrar.
10. Robos en las tumbas.
11. Mutilaciones de animales (quitarles sangre y partes del cuerpo).
12. Ausencia de partes del cuerpo.
13. Tatuajes poco corrientes, cortes, marcas de cuchillazos, marcas en el cuerpo [en los sospechosos].
14. Derramamiento de sangre.[3]

Una seria advertencia

Lo que voy a compartir con usted a continuación es muy importante. Le ruego que le preste especial atención a esta sección. Si se encuentra con un altar satánico mientras está haciendo una caminata de oración, o en alguna otra situación, *no trate* de echarlo abajo de una patada sin tener el respaldo adecuado en oración. Sobre estos altares se han lanzado poderosas maldiciones, que pueden afectar a quienes los destruyan atrevidamente, y de hecho, lo hacen. Aunque es cierto que tenemos autoridad sobre toda cosa maligna (vea Lucas 10:19), tal vez tengamos un "agujero en la armadura" (alguna zona de pecados secretos o de traumas) que permita que la maldición haga efecto en usted.

He conocido intercesores que han actuado con imprudencia, y después han visto destruirse su familia, se han divorciado o han quedado económicamente arruinados. Si usted se encuentra con un lugar de ritos satánicos, pídale al Señor que lo proteja. Después, busque alguien que sepa lo que está haciendo y consiga el respaldo debido en oración antes de destruir el altar. Si el altar tiene sangre, u otras señales de posible actividad criminal, le sugiero que llame a la policía para decirle dónde se halla ubicado.

Es espeluznante ver cómo los elementos criminales ocultistas han usado a los niños mientras sus padres creían que estaban jugando o aprendiendo. La posición socioeconómica, o la raza del niño, no parecen importar. Conozco incidentes concretos en los cuales se han robado niños pequeños durante las sesiones pre-escolares para utilizarlos en ritos satánicos. El libro *Painted Black* proporciona más detalles en cuanto a este tipo de tragedias.

Estar alerta

He aquí algunas señales de alerta. Si detecta alguna de ellas en sus hijos, eso no significa indiscutiblemente que los estén usando en ritos ocultistas, pero es necesario que usted las investigue y averigüe su causa.

1. Preocupación con la orina y las heces fecales (como embadurnar de heces el cuarto de baño).
2. Juegos agresivos o violentos con características de sadismo, como la mutilación de animales.
3. Sangramientos alrededor del recto; temor de que alguien los mire mientras van al baño; tendencia a esconder sus partes pudendas.
4. Menciones de "mi otro papá o mamá".
5. Preocupación con el diablo o la magia.

6. Temor a que los limiten.
7. Pesadillas o sueños en los que sienten miedo de que les hagan daño, o con temas extraños demasiado adultos para que un niño pequeño los comprenda.
8. Mención de "gente mala" que les hace daño a sus padres.[4]

Tiene vital importancia que usted crea a sus hijos si le dicen algo de lo anterior. Si sospecha que están abusando sexualmente de ellos, llévelos al médico. Además, si tienen mucho miedo de ir al pre-escolar, o de estar con una niñera, pregúnteles por qué no quieren ir. No se limite a desechar lo que le estén diciendo.

Yo tengo amigos de cuyos hijos se abusó satánicamente, y les ha costado años de trabajo conseguir que queden libres de arranques de ira, malas palabras y lenguaje sexualmente explícito. Mis amigos nunca habrían sospechado de sus bondadosos vecinos, a quienes consideraban como "abuelo y abuela".

A causa de estas experiencias, he aprendido a usar de gran discernimiento. Tenemos que amar a nuestros vecinos, pero eso no significa que les demos carta blanca con nuestros hijos. Los padres necesitamos ejercer una diligencia total. Les debemos hablar a los padres de sus hijos. Averiguar quién es la persona principalmente encargada de su cuidado. Con todo, no nos debemos quedar aquí. Tenemos que tener conocimiento de cuantos miembros de esas familias puedan estar en la casa cuando están en ella nuestros hijos.

Investigue qué van a hacer sus hijos cuando estén de visita en las casas de sus amigos. ¿Qué van a ver en la televisión? ¿Van a usar juegos de video? ¿Cuáles? Pregunte en especial por *Pokemón* y *Harry Potter*. Diga con toda claridad que no quiere que sus hijos participen en ninguno de los dos. ¿Está sucediendo en esa casa algo incorrecto con lo cual usted no quiere que sus hijos tengan contacto? Son demasiados los padres que nunca se molestan en averiguar nada acerca de los padres, o de la casa donde van a estar sus hijos de visita. Se trata de un inmenso error. Los buenos padres necesitamos hacer preguntas.

Señales reveladoras de ocultismo

En su condición de guardián de su familia, es crítico que aprenda a vigilar a los niños y jovencitos que está criando, para ver si están involucrados de alguna manera en el ocultismo. Como mencioné anteriormente en este mismo libro, no debemos ignorar las trampas de Satanás (2 Corintios 2:11).

Hay ciertas señales de advertencia que le dirán si ellos están participando o no en lo oculto. Antes de hacer una lista de estas señales, le quiero advertir algo. Algunas de ellas pueden estar relacionadas con otras cosas, o tratarse sólo de preferencias, o maneras de vestir. No se ponga histérico porque su hijo quiera vestirse todo de negro. Yo misma uso el color negro, y ciertamente, no tengo nada de satanista. También es posible que los jovencitos pasen por temporadas de depresión, o tengan situaciones en las que rechazan a sus amigos, y que no tienen nada que ver con la participación en el ocultismo. Las joyas de plata son populares hoy, y no siempre son señal de que hay actividad ocultista.

Ore para pedir sabiduría, y no acuse de inmediato a su hijo de estar metido en el ocultismo. Si ve una serie de señales de advertencia diferentes, o materiales indiscutiblemente ocultistas (como las marcas ocultistas en los cuadernos, o un ejemplar de *La Biblia Satánica*), hábleles entonces. Recuerde que tal vez estén leyendo un libro así, por la simple emoción de hacerlo. No obstante, necesita manifestar una gran sabiduría en este aspecto.

He aquí unas cuantas señales de advertencia que he adaptado del manual *Safety Awareness Guide,* escrito por Randy Skinner:

1. Poco comunicativo y aislado.
2. Rechaza a los amigos.
3. Secreto excesivo con respecto a nuevos amigos y actividades.
4. Apartado, discutidor o de conducta violenta.
5. Rechaza los valores de los padres.
6. Pérdida del buen humor.
7. Cambio en los hábitos escolares.
8. Confusión en cuanto a su sexo.
9. Lleno de temores. (Esto se debe con frecuencia a que ha confesado, voluntaria o involuntariamente, todos sus pecados del pasado con el fin ritual de purificarse. Esta declaración la graban y la usan contra la persona, si trata después de abandonar el grupo).

10. Sentimientos irracionales de paranoia dirigidos contra las autoridades.

11. Ve videos de un terror excesivo y escucha música de metal pesado, al estilo de *The Faces of Death* y *The Believer.*

12. Envuelto en actividades sexuales inmorales.

13. Muy dado a los juegos de fantasía. (Los juegos de fantasía no tienen reglas ni directrices. Animan a una creatividad sin límites. El jugador pierde el concepto de separación entre la realidad y la fantasía).

14. Se pone a ver materiales censurables en la computadora; sobre todo, se dedica a visitar páginas de la web que sean ocultistas.

15. Interés en las drogas, sobre todo en el uso de alucinógenos.

16. Personalidad depresiva.

17. Usa el cabello caído sobre el ojo izquierdo.

18. Usa maquillaje pálido, y el cabello teñido de negro.

19. Escucha a los grupos de metal negro o metal pesado con letra ocultista, símbolos o referencias a los cultos ocultistas.

20. Uñas pintadas de negro. Uñas de la mano izquierda más largas que las de la mano derecha. (El lado izquierdo del cuerpo representa al mal en el ocultismo).

21. Preocupación por vestir de negro.

22. Manga izquierda arremangada sola. (Esto se usa en las escuelas, los centros comerciales y otros lugares para indicar que se es miembro de un grupo satánico).

23. Saluda haciendo la señal de los cuernos con la mano izquierda (vea el apéndice 3).

24. Usa joyas de plata solamente, y se niega a usar las de oro. (El oro es considerado como un metal cristiano).

25. Llamadas telefónicas en las que preguntan por otro cuyo nombre no es el de su hijo. (Es posible que el que llama esté preguntando por su hijo y usando su nombre satánico).

26. Obsesión con la muerte.

27. Escribe ensayos e informes sobre la muerte y el ocultismo.

28. Cambios en el aspecto de su cuarto. (El cuarto de un jovencito cambia a medida que él va creciendo, pero hay

algunas cosas que debemos buscar: pentagramas y otros símbolos pintados o hechos con cinta adhesiva en el piso debajo de la alfombra o de la cama; objetos ocultistas escondidos; paredes pintadas de negro).

29.Uso de menos luz eléctrica y más velas.

30.Usa el alfabeto satánico en los cuadernos.

31.Escribe al revés.

32.Anda con el Libro de las Sombras. (Éste es el libro más importante sobre poesía, prosa, conjuros, encantamientos y lugares de reunión. Suele tener la forma de un cuaderno con espiral, aunque es posible que tenga puesta la cubierta de otro libro).

33.Libros que tratan sobre ritos o necromancia, satanismo, magia negra o brujería. (Uno de estos libros es *Helter Skelter*).

34.Artículos satánicos en su armario escolar.

35.Automutilación, cortes que aparecen de manera continua. (Se pueden hacer cortes en el pecho, los tobillos o los brazos; marcas de agujas usadas para sacarles la sangre que se va a consumir. Busque marcas en el lado izquierdo del cuerpo).

36.Mutilación y tortura de animales.[5]

En el capítulo 3 le he dado alguna orientación sobre qué debe hacer si sospecha que su hijo está metido en el ocultismo. Tal vez le venga bien regresar a esa sección y volverla a leer. He aquí unas cuantas ideas más:

1. Lo primero que debe hacer si sospecha que su hijo está metido en el ocultismo, es orar. Pídale a Dios que le revele toda cosa escondida y secreta. Los siguientes textos bíblicos nos dicen que Dios nos quiere revelar las cosas secretas:

"Él revela lo profundo y lo escondido; conoce lo que está en tinieblas, y con él mora la luz" (Daniel 2:22).

"Porque nada hay oculto, que no haya de ser manifestado; ni escondido, que no haya de ser conocido, y de salir a luz" (Lucas 8:17).

2. Revísele el cuarto y pídale al Espíritu Santo que lo guíe en su búsqueda. Tenga en cuenta que ellos van a esconder las cosas, tal como dije anteriormente, así que sea creativo a la hora de buscarlas. Busque bajo el colchón, o dentro de él; dentro de los animales de peluche, detrás de las gavetas y cualquier otro lugar donde se pueda esconder algo.

3. Revíseles los cuadernos. Hojéelos cuando pueda, para ver si tienen algún dibujo de tipo ocultista.

4. Vea la letra de las músicas que están oyendo. El metal pesado es una inmensa puerta de entrada al ocultismo. ¿Están escuchando a Black Sabbath, AC/DC, Marilyn Manson, KISS, o algún otro grupo de metal pesado? Hay categorías de metal pesado como las de "metal negro" y "rock mortal". Busque la forma de conocer los nombres y tipos, y mantenga a sus hijos alejados de ese material.

5. ¿Están viendo videos sangrientos, como *Friday the Thirteenth, Halloween,* o *Nightmare on Elm Street?*

6. ¿Están obsesionados con los juegos de fantasía en los que se asumen papeles? Fíjese en especial si tienen *Dungeons and Dragons,* aunque yo también sospecharía de *Magic: The Gathering.*

7. Cualquiera de las otras señales mencionadas anteriormente, en conjunción con alguna de éstas seis.

Los símbolos ocultistas

Incluyo una sección sobre símbolos ocultistas en el apéndice 2. Es una valiosa herramienta para reconocer las actividades ocultistas.

Es necesario que confronte a su hijo

¿Qué hacer una vez que se encuentre bastante seguro de que su hijo está al menos jugando con el ocultismo? Quiero citar aquí a Johanna Michaelsen, porque dice cosas de gran importancia, y las dice bien:

Le suplico que no cometa el error de pensar que esto sólo es una moda, o una etapa por la que pasan todos los jovencitos. Por supuesto, no todos los muchachos que se meten en la adoración al diablo salen a matar a alguien, o se suicidan, pero el número de los que lo hacen es cada vez mayor. ¿Cuántos de nosotros estamos dispuestos a correr ese riesgo? Lamentablemente, hay padres que han visto estas señales, han acudido a los maestros, o incluso a ministros, en busca de consejo, y han regresado con una condescendiente palmada en la espalda, y la vacía tranquilidad de que "sólo se trata de una etapa por la que pasan todos los muchachos".[6]

Si ha encontrado algún tipo de objetos ocultistas en el cuarto de su hijo, el paso siguiente es el enfrentamiento. Tenga en cuenta que es posible que su hijo le diga que esas cosas son de un amigo, y que "las dejó en la casa". Aunque vea escasas evidencias, o ellos insistan en que no están envueltos en nada, es un momento excelente para tener una charla sobre el ocultismo. Hasta es posible que su hijo, si tiene ya la edad necesaria, esté dispuesto a leer parte del material que contiene este libro. Use de su discreción como padre o madre.

Cuando los padres no actúan

La madre de Pete Roland, quien mató a otro jovencito de su escuela en un asesinato satánico, sospechaba que le estaba pasando algo malo. Cuando se le enfrentó, él negó que estuviera metido en el ocultismo. Éstas son las palabras de la madre en un programa televisado especial de Geraldo Rivera:

> Me siento muy culpable por no haberle prestado atención... Vi los símbolos satánicos en los trabajos que tenía en el libro, y le hablé de ellos. No significaban nada, sabe; era... supuse que era una etapa pasajera. Yo hice mis cosas cuando tenía esa edad; supuse que él estaba pasando por las suyas. *Me equivoqué en mis suposiciones.* Yo les aconsejaría a todos que si ven algo así, lo investiguen; que no lo ignoren. Eso no se pasa... Cuánto quisiera haber escuchado la música; cuánto quisiera haberla tirado a la basura. Quisiera haber ido a la escuela para hablar con él; haber hablado con las madres de sus amigos; tal vez ellas habrían visto otras cosas que yo no veía. Tal vez si entonces hubiéramos

reunido toda esa información, habríamos deducido algo (cursiva de la autora).[7]

Pete Roland está en prisión, cumpliendo cadena perpetua por asesinado. Nunca podrá salir y, a menos que se produzca un milagro, su madre no lo va a volver a tener entre sus brazos.

Tómeselo muy en serio

En este momento, tal vez usted esté pensando: "Cindy, ¿no te estás poniendo un tanto melodramática?" No; mil veces no. Si este capítulo salva una sola vida, habrá valido la pena escribirlo; habrán valido la pena toda la oración, la angustia, la guerra; ¡todo!

Yo sé lo fácil que es creer a nuestros hijos cuando ellos nos mienten. Nuestra hija Mary se metió en las drogas por un corto tiempo de su vida. Sin embargo, cada vez que oraba para que Dios descubriera todas las cosas secretas que ella estuviera haciendo, Él nos las descubría. Hoy en día ya está bien, y camina con el Señor.

Una de las mejores cosas que usted puede hacer por sus hijos durante su crecimiento, es hablar con ellos y con sus amigos para mantener abiertas las líneas de comunicación. Tal vez más tarde necesite utilizar el amor que se cree entre ambos. Conozca a los amigos de sus hijos. Invítelos a llegar a su casa. Fomente un ambiente de amor y confianza también con ellos.

Mike y yo supimos que nuestra hija estaba metida en las drogas, porque su mejor amiga nos visitó una noche para decírnoslo. Después, Mike, el hermano de Mary y yo nos sentamos a hablar con ella y con aquella mejor amiga. Al principio, negó vehemente lo que se estaba diciendo de ella, pero al final, como su amiga la animó y nosotros le aseguramos que la amábamos, se quebrantó, y así le pudimos marcar unas cuantas directrices para su vida que la ayudaron a liberarse de aquello.

Tal vez usted tenga un hijo que haya estado usando drogas o participando en otras actividades peligrosas. Es posible que se halle bajo la influencia de algunos de sus amigos. Aunque haya dejado de verse con sus viejos amigos que hayan significado una mala influencia, lo animo a que les hable a los demás padres acerca de la situación. Son ellos los que tienen que decidir si quieren que su hijo esté metido en la situación.

Cuando se enfrente con su hijo, pídale al Señor que le muestre hasta qué punto llega el grado de participación en el que se encuentra. Si sospecha que se halla en el nivel serio, o el criminal (por ejemplo, si encuentra una nota donde dice que está haciendo planes para matarse o matar a alguien), debe tomar medidas de inmediato. Hable con su consejero escolar, o pida consejo en la división de crímenes juveniles de la jefatura de policía local. Pregunte si hay algún funcionario que se ocupe de los crímenes ocultistas. Después del tiroteo en la escuela de Columbine y en otros lugares, lo más probable es que lo tomen en serio. Si sospecha que su hijo le puede llegar a hacer algún tipo de daño a usted, dé los pasos necesarios para protegerse. Uno de ellos sería sacar de la casa todas las armas.

No quiero ser alarmista. De hecho, esto es algo con lo que he estado luchando mientras escribía este capítulo; no obstante, quiero que usted tenga seguridad.

Recuerde que, mientras sus hijos sean menores de edad y vivan en su casa, usted tiene derecho a desechar todo el material ocultista, quitar los carteles censurables y limpiarles el cuarto de todas estas cosas. Si son adultos, dígales que deben escoger entre quitar esos materiales o mudarse a otra parte inmediatamente. Además, no tenga miedo de decirles cuáles son sus amigos que a usted no le parece bien que tengan relaciones con ellos.

¿Recuerda la historia que le conté antes acerca de Cassie Bernall, quien murió mártir en el tiroteo de Columbine? Sus padres pusieron en práctica el "amor duro" y le tiraron a la basura los CDs, y las películas que animaban a la violencia o estaban relacionadas con la brujería y el ocultismo. En estos momentos está en el cielo, gracias a la valentía de sus padres.

Si usted llega a descubrir que su hijo o su hija están envueltos en actividades ocultistas a cualquier nivel, no se aterrorice. Dios es plenamente capaz de ayudarlo y obrar un milagro en la vida de su hijo por medio de la oración y la intercesión.

Capítulo 9

¿Cómo? ¿Qué yo tengo un demonio?

E n este capítulo (y en el siguiente, que trata el tema de romper las maldiciones), voy a cumplir mi promesa de tratar sobre los diferentes aspectos de su vida en los que es posible que haya una atadura procedente de la participación en el ocultismo. ¿Ha ido haciendo una lista a medida que avanzaba en la lectura de este libro? Si lo ha hecho, sáquela ahora. Si no, comience una lista ahora mismo. Asegúrese de que incluye en esa lista todo lo que haya hecho, y de lo que yo haya escrito, como haber ido a que le leyeran la palma de la mano, haber leído las predicciones astrológicas y haber jugado con un tablero de *Ouija*.

Demonología elemental

Antes de hablar de problemas concretos y mostrarle la forma de quedar libre de cuantas experiencias ocultistas haya tenido en el pasado, necesitamos tener comprender primero ciertos aspectos básicos de la demonología. Hay un gran número de libros excelentes sobre este tema (vea la lista de lecturas recomendadas en el apéndice), así que este capítulo sólo va a ser una introducción general al tema. No obstante, creo que va a ser suficiente para ayudarlo a liberarse, o al menos, señalarle la dirección correcta para lograrlo.

A muchos creyentes, el tema de los demonios les suena bastante misterioso. Por otra parte, si usted ha sobrevivido a la lectura de lo que va del libro, incluyendo el capítulo sobre la magia negra, ya nada le debería parecer demasiado extraño.

Créame: yo no sabía gran cosa sobre los demonios, hasta pasados los treinta años de edad. Había averiguado algo en el colegio universitario, pero mis primeras experiencias fueron más bien aterradoras, mayormente porque no comprendía lo que estaba sucediendo a mi alrededor.

La entrada en la guerra

Mi primer gran encuentro con una persona demonizada fue tempestuosa. Mi excelente educación bautista no me había preparado para nada semejante a lo que vería. Con esto no quiero de ninguna manera menospreciar las grandes verdades bíblicas que había aprendido. El pastor era mi propio padre, e hizo una gran labor al inculcarme los principios básicos de la fe. Sin embargo, el enfrentamiento con los demonios no formaba parte de sus enseñanzas. A pesar de esto, mi madre me acaba de informar hace poco que mi padre había llevado a cabo una verdadera liberación, y había liberado a una persona; un suceso del cual yo no tenía noticia.

A principios de la década de los ochenta, mi esposo Mike y yo le habíamos abierto nuestro hogar a una señora cuyo esposo la había tratado de matar. Tenía unos cuarenta y ocho años y, aparte de sentirse bastante angustiada con su situación (¿quién no lo habría estado?), parecía bastante normal. Un hermoso día estábamos de pie en nuestra cocina aquella mujer y yo, cuando de repente, ella se agarró un costado y me dijo: "¡Cindy, como me duele!" Recuerde que en aquellos momentos yo era una joven mayormente ignorante, que nunca había echado ningún demonio fuera de nadie.

De inmediato pensé en cosas como: *¿Debería llamar al médico?* o *Tal vez deberías ir a acostarte.* Ella se fue a acostar, y yo decidí que iría a imponerle manos. En el mismo segundo que me acerqué a ella, se le contorsionó la cara, y una áspera voz masculina habló desde su boca femenina: "¡La voy a matar! ¡Se merece la muerte! ¡Y también te voy a matar a ti!"

Ya en aquel instante, había captado toda mi atención.

Enseguida me vinieron a la mente mis dos niños pequeños, que estaban durmiendo en el cuarto contiguo. Algo se levantó en mi interior; ese instinto protector al estilo de las osas madres. Miré de frente a aquello que ya me había dado cuenta de que era un demonio, y le dije con osadía: "¡No! ¡De ninguna manera! ¡Ni la vas a matar a ella, ni a mí, ni a nadie!"

El espíritu demoníaco que estaba operando en ella, trató de levantarla de la cama. Sin saber qué más hacer, tomé mi Biblia y me senté encima de la mujer. Era una escena más bien cómica, porque yo usaba entonces la talla 4, y mido metro sesenta, mientras que ella era una persona mucho mayor que yo. Recordé las conversaciones de los estudiantes en el colegio universitario cristiano al que había asistido. Entre las muchas ideas que se comentaban, estaba el principio de que los demonios no pueden soportar que se mencione la sangre de Jesús. Como tenía por lo menos esa arma en mi arsenal, abrí mi Biblia y busqué varios textos bíblicos que hablan de la Sangre (vea 1 Pedro 1:2; 1 Juan 1:7; Hebreos 10:19).

No cedí terreno

Después, le dije al demonio que no nos podía tocar, porque aquella mujer era hija de Dios, comprada con la Sangre, y yo también. Entonces, el espíritu demoníaco dijo siseando: "Claro que sí; tengo derecho a ella. Su familia mató indios, los asesinaba y los tiraba a un pozo". Aquello no me desalentó, aunque en esos tiempos yo no sabía absolutamente nada sobre las maldiciones generacionales. Entendiendo que podía estar metida en un gran problema, clamé al Señor para que enviara sus ángeles a protegernos. Después de aquello, tomé mi Biblia y le prohibí a aquel espíritu en el nombre de Jesús que hablara, o que le hiciera daño a ninguna de nosotras. En un instante, vi un cambio en los ojos de mi amiga, y ella estaba de vuelta.

Tengo que admitir que estaba un poco desconfiada, así que seguí sentada encima de ella por un momento. Por fin me di cuenta de que aquello que había hablado a través de ella ya no se estaba manifestando, así que me deslicé hasta el suelo totalmente exhausta. Sabía que el espíritu demoníaco no se había ido, pero por el momento, todo parecía estable. También me daba cuenta de que no estaba capacitada para enfrentarme a aquello.

Cuando le dije lo sucedido, ella no recordaba nada. Sin embargo, llamó a otra persona conocida que sí sabía de liberación, y fue a que la ayudara.

Más tarde supe que el demonio que tenía dentro había lanzado a seis hombres hasta el otro extremo de la habitación mientras ella era liberada. Todo lo que pude hacer fue decirle al Señor: "Gracias, Dios mío, por enviar a esos grandes ángeles a ayudarme cuando te lo pedí".

Una lección aprendida

No parecen unos comienzos muy favorables; lo sé. Lo bueno de todo esto es que he aprendido después que tengo autoridad en el nombre de Jesucristo. Ningún demonio me ha tirado por el suelo a mí, como les sucedió a los que la ayudaron a ella; no me ha pasado nada que se le parezca siquiera.

Tal vez lo más importante de cuanto aprendí con esta experiencia es que los demonios son muy, muy reales. Las dudas que habría podido tener, habían desaparecido.

Un llamado de Dios

Poco después de esto, un profeta de muy buena reputación me dio la profecía de que Dios me iba a usar para echar fuera demonios. En aquellos momentos, aún estaba traumatizada por aquel primer encuentro con los ángeles caídos, y no me pareció que me estuviera dando ninguna buena noticia.

De hecho, me quedé tan agitada, que al día siguiente me quedé en cama sosteniendo una gran pelea con Dios. "Señor", gemía, "no quiero echar fuera demonios. Los demonios me dan miedo. No me gustan. Deja que sea otro el que los eche fuera".

Dios y yo seguimos batallando sobre esta cuestión durante días. Yo trataba de convencerlo de que no era la persona indicada para echar fuera demonios. O no me estaba escuchando, o se estaba riendo solo. Evidentemente, sabía que un día no sólo echaría demonios de las personas, sino que también fundaría un grupo internacional de intercesores y enseñaría acerca de los poderes de los aires y los principados espirituales. Si desea más información sobre estos temas, puede leer mi libro *Conquistemos las puertas del enemigo*.

Un día, durante el tiempo en que estaba batallando con el Señor, me llamó una amiga y me dijo: "Cindy, ¿qué estás haciendo?"

"Estoy en cama", gemí. "Me he cosido las sábanas sobre la cabeza, y no pienso salir de aquí."

Cuánto le agradezco a Dios que haya tenido paciencia conmigo.

Finalmente, salí de la cama y comencé a estudiar en serio la demonología. El Señor tuvo la bondad de guiarme a grabaciones, libros y personas que realmente sabían echar fuera demonios. Este capítulo está lleno de las cosas que he aprendido.

Cuando estudié Marcos 16:17 fue cuando me di cuenta de que le tenía que decir que sí a Dios. Ese versículo dice:

> Y estas señales seguirán a los que creen: En mi nombre *echarán fuera demonios*; hablarán nuevas lenguas (cursiva de la autora).

La palabra *creen* de este pasaje traduce una forma del verbo griego *pistéuo*. Tiene que ver con la justicia, y con el hecho de poner la fe y la confianza en Cristo en cuanto a la salvación. Es la misma palabra usada por Jesús para describir la fe que mueve montañas (vea Mateo 17:20). Cuando comprendí que echar fuera demonios era responsabilidad de todos los creyentes, supe que tenía que caminar en obediencia, y aprender acerca del ministerio de liberación.

El origen de los demonios

Una de las primeras preguntas que hice en mis estudios de demonología fue ésta: "*¿De dónde proceden estos seres?*" La Biblia no tiene un lugar donde nos diga con precisión cuál es su origen. Sin embargo, hay tres teorías principales sobre el origen de los demonios:

1. La teoría de la interrupción es descrita por Gordon Lindsay, quien escribe: "Es creencia general entre los eruditos bíblicos que los demonios tuvieron su origen en una época preadámica".[1] Según esta teoría, los demonios no son ángeles caídos, sino gente que vivió en esa era, y participó en la rebelión de Satanás. Esta rebelión de Satanás se produjo entre Génesis 1:1 y 1:2. Su premisa es que Dios creó el mundo en un estado perfecto, y no en el caos que describe el versículo 2. Hay otros textos bíblicos que apoyan esta teoría en Jeremías 4:23-26, Ezequiel 28:14-15, Isaías 14:13-14 e Isaías 24:1.

2. Los demonios serían producto de la unión entre los hijos de Dios (ángeles) y las hijas de los hombres (Génesis 6:2), quienes produjeron los gigantes, u hombres poderosos de la antigüedad (6:4). A estos gigantes se les llama nefilim, y tenían un cuerpo anormal. Algunos tenían seis dedos (1 Crónicas

20:6). Todo este tema es muy fascinante. Algunos creen que es aquí donde se originaron las leyendas de Tor, Zeus y otros dioses paganos. Estos ángeles caídos podrían ser los que se describen en Judas 6 como encadenados por no haber guardado su propia dignidad. Otros textos bíblicos relacionados con este tema son Job 1:6, 2:1 y 38:7.

3. Los demonios son ángeles caídos. Ésta es la teoría que se enseña más corrientemente sobre el origen de los demonios y, al parecer, es la más fácil de comprender. Los textos bíblicos que apoyan esta interpretación son Mateo 12:24; Apocalipsis 12:4, 7, 9; Judas 6 y 2 Pedro 2:4.

Aunque la Biblia no dice con claridad cuál es el origen de los demonios, lo que sí está claro es que existen. Muchos maestros en el tema de la liberación creen que hay por lo menos dos órdenes de espíritus en este ámbito. Los espíritus de alto nivel o principados (vea Daniel 10:13, 20; Efesios 6:12) son poderes como el Demonio de Persia de Daniel 10. Por lo general no buscan entrar en el cuerpo de una persona, aunque hay excepciones. Entre los espíritus de bajo nivel estarían los demonios de lujuria, temor y otros pecados; éstos sí suelen buscar la forma de entrar en un cuerpo.

Los atributos de los demonios

¿Cuáles son las características de los demonios? En primer lugar, son seres espirituales que tienen personalidad individual. Derek Prince señala estos cinco rasgos aceptados sobre su personalidad:

1. **Voluntad.** En Mateo 12:44, el demonio dice: "*Volveré* a mi casa".
2. **Emociones.** En Santiago 2:19 se dice que "también los demonios creen, y tiemblan".
3. **Intelecto.** En Marcos 1:24 habla un demonio para decir: "Sé quién eres, el Santo de Dios".
4. **Conciencia de sí mismos.** El demonio de Marcos 5:9 revela su nombre: "Legión me llamo; porque somos muchos".
5. **Capacidad para hablar.** Vea Marcos 5:9.[2]

No hace falta estar mucho tiempo en el ministerio de liberación para llegar a saber que los demonios tienen personalidad individual.

De hecho, algunos de ellos son más listos que otros. Hay algunos que actúan a veces de una forma bastante torpe.

¡Mentiroso!

Hace varios años, estábamos en el momento de ministración durante un retiro, y yo les estaba ordenando a unos espíritus que salieran de una mujer. Cuando llamé al espíritu de abandono, este demonio habló a través de ella y me dijo: "¡Ya me fui!" No me engañó, y lo que le garantizo es que un instante después había sido echado fuera. Le costará creerlo, pero a veces la liberación puede ser algo bastante divertido. Durante aquella misma liberación en el retiro, le ordené finalmente que saliera al que sabía que era el hombre fuerte del rechazo. El espíritu hizo que la mujer se diera vuelta y cayera boca abajo, mientras comenzaba a dar patadas y a gimotear, diciendo: "Yo soy el último; yo soy el último". Aunque mienten con frecuencia, yo sabía que era cierto lo que había dicho el espíritu, y nos deshicimos de él con toda rapidez.

Un espíritu de falsificación

Los demonios del nivel inferior suelen tratar de entrar en los cuerpos. Mateo 12:43 indica que "cuando el espíritu inmundo sale del hombre, anda por lugares secos, buscando reposo, y no lo halla". Para mí, esos lugares secos son cualquier lugar que se halle fuera del cuerpo humano, puesto que nuestro cuerpo está compuesto de agua en un porcentaje muy alto.

Los demonios hacen falsificaciones de las cosas de Dios. Sus formas de operar son las opuestas a las obras del Espíritu Santo. ¿Qué quiero decir con esto?

Que cuando el Espíritu Santo llena la vida de una persona, hace que se parezca más a Él mismo. El fruto del Espíritu Santo se comienza a manifestar hasta hacerse evidente en esa persona, que queda llena con el amor y la misericordia de Dios.

En cambio, cuando una persona queda demonizada, la influencia de ese espíritu comienza a obrar para producir como fruto su propio estilo y personalidad diabólicos. Por ejemplo, un espíritu de lujuria le va a dar a la persona pensamientos lujuriosos. Esa persona va a sentir el afán de tener relaciones sexuales ilícitas. El espíritu de lujuria le va a brotar por los ojos. En mi condición de mujer, yo he sentido manifestarse muchas veces en mi vida la presencia de este tipo de espíritu a través de un hombre. Esto no se debe a mi aspecto externo. Al espíritu no le importa si el objeto de su lujuria tiene diez, treinta u ochenta y tres años de edad. Una de las formas principales de saber si se trata de un espíritu de lujuria, es que va a hacer que los ojos de la persona recorran todo su cuerpo en el momento mismo en que entre en contacto con usted. Por supuesto, la mujer siempre puede ayudar a detener ese espíritu de lujuria, escogiendo con cuidado la ropa que se pone.

Cristianos y demonios

Una de las preguntas que se hacen con mayor frecuencia es si un cristiano puede ser poseído por demonios, o no. Mi respuesta es que no. En cambio, sí pueden ser demonizados.

Prefiero utilizar la palabra "demonizado", porque "poseído" indica que el demonio es el dueño de la persona. El creyente es propiedad de Dios; no obstante, el cristiano se puede hallar bajo la influencia de un demonio; esto es, demonizado. En una ocasión oí decir a un líder que un cristiano puede tener todo lo que él quiera… hasta un demonio inclusive.

Los humanos estamos formados por tres partes: el espíritu, el alma y el cuerpo. Esto se nos revela en 1 Tesalonicenses 5:23:

> Y el mismo Dios de paz os santifique por completo; y todo vuestro ser, espíritu, alma y cuerpo, sea guardado irreprensible para la venida de nuestro Señor Jesucristo.

Puesto que somos creyentes, el dueño absoluto de nuestro espíritu es Dios. En cambio, nuestra alma, o ámbito emocional, y nuestro cuerpo físico, sí pueden estar sujetos a demonización. Por ejemplo, es posible que la mente de alguien esté demonizada por un espíritu de temor, o que su cuerpo esté demonizado por un espíritu de enfermedad. Cualquiera de estas dos cosas es suficiente para paralizarnos.

Cómo entran

Me doy cuenta de que a algunos creyentes les es difícil comprender la demonización de los cristianos, pero parece haber un precedente bíblico sobre la posibilidad de que un creyente nacido de nuevo esté verdaderamente demonizado. La Biblia habla de que Simón el mago creyó y fue bautizado (vea Hechos 8:13). Sin embargo, seguía demonizado y trató de comprar el poder el Espíritu Santo. La Biblia no dice que Simón haya fingido su conversión, como afirman algunos. Puesto que el bautismo solo no garantiza la salvación, en realidad no sabemos cuál era el estado de su alma. Sin embargo, podemos estar seguros de que Felipe no lo habría bautizado en agua, si hubiera pensado que su conversión no era real.

Simón tenía tres puntos de entrada clásicos que causaban su demonización:

La amargura. La amargura y la incapacidad para perdonar son dos puntos de entrada primarios, que hacen que la persona quede demonizada. Para recibir liberación, es importante que perdone a todos los que hayan hecho algo en su contra, y le pida a Dios que cure toda su amargura.

La iniquidad. Esto se refiere a los pecados de los padres que heredamos. Escribiré sobre este tema en el próximo capítulo, que trata el tema de romper las maldiciones.

El ocultismo. Por supuesto, ése es el tema principal de este libro. Voy a incluir al final de este capítulo una oración de purificación para que usted la lea y renuncie a toda participación en el ocultismo.

Simón había quedado profundamente demonizado debido al ocultismo. Finis J. Dake cita escritores eclesiásticos antiguos que afirman: "Simón proclamaba que él era el Padre, el cual le había entregado la ley a Moisés; que había venido durante el reinado de Tiberio en la persona del Hijo, que también había descendido sobre los discípulos en Pentecostés como lenguas de fuego, y era el Mesías, el Paráclito y Júpiter; y que Helena, la mujer que lo acompañaba, era Minerva, o sea, la primera inteligencia".[3]

Debido a su contacto previo con la perversidad, Simón, aunque había nacido de nuevo, necesitaba pasar por un proceso de sanidad interior (perdonar, pedir perdón, arrepentirse y renunciar a su participación pasada en el ocultismo). Después de esto, podría quedar libre de las influencias demoníacas que había en su vida.

He aquí otros puntos de entrada posibles que permiten que la persona quede demonizada:

El pecado. Por ejemplo, si usted está teniendo relaciones sexuales fuera del matrimonio, o tiene problemas con la lujuria, lo primero que necesita es dejar de pecar y arrepentirse, y entonces podrá ser liberado. Si este pecado se produjo en el pasado, necesita arrepentirse de él antes de recibir liberación.

Los traumas. He visto personas que han estado en un accidente de automóvil y han quedado atormentadas por un espíritu de muerte, temor, o tendencia a los accidentes. Una vez que han tenido un accidente, se producen más accidentes. Una persona joven que se enamora y sufre un fuerte rechazo, puede adquirir también un espíritu de rechazo. Las personas que pasan por procedimientos quirúrgicos necesitan oraciones especiales de protección contra los acosos demoníacos.

La participación en el ocultismo. Cualquiera de los tipos de participación en el ocultismo que he mencionado en este libro le puede abrir las puertas a un demonio. Al final de este capítulo va a encontrar una oración especial para romper todas las ataduras demoníacas procedentes del ocultismo. En el capítulo próximo hablaremos de las maldiciones generacionales que hay que quebrantar.

El abuso. Si usted es víctima de abusos sexuales, físicos o emocionales, es posible que tenga una atadura demoníaca de abandono o de rechazo. En este mismo capítulo le diré cómo saber si necesita ser liberado de una influencia demoníaca.

Demonios más frecuentes entre los creyentes

Yo viajo por todo el mundo y visito muchas iglesias, y he observado que muchos cristianos nacen de nuevo, pero nunca pasan por el proceso de quedar libres de las influencias ocultistas del pasado o del presente. La consecuencia es que caen de la gracia. Y si no caen de la gracia, muchas veces causan problemas inmensos en la Iglesia. Harold Caballeros, el pastor de la Iglesia El Shaddai, de Guatemala, dice que llevar a Cristo a una persona sin hacerla pasar por una liberación, es como ir a pescar, y dejar el pescado sin limpiar; ¡termina oliendo mal![4] Es evidente que los líderes de la Iglesia en sus primeros tiempos pensaban igual que Harold. Puesto que la mayoría de los cristianos del siglo primero procedían de un ambiente ocultista, se acostumbraba hacer exorcismos al mismo tiempo que se los bautizaba.[5]

¿Por qué le he puesto a este capítulo el título de "¡Cómo! ¿Qué yo tengo un demonio?"? Porque he conocido a muchos creyentes en cuya vida operan influencias demoníacas. Tal vez sea un espíritu de temor, o de rechazo, o algún otro espíritu distinto. Sea cual sea, todas las personas demonizadas pueden quedar libres. Son muy escasas las personas que van por la vida sin heridas, traumas, u otro tipo de experiencias que le abran la puerta a alguna forma de influencia demoníaca.

Doris Wagner, en su excelente libro sobre liberación llamado *How to Cast Out Demons* ["Cómo echar fuera demonios"], habla del retiro de tres días de la iglesia del pastor César Castellanos en Bogotá. Para fines de 1998, se calculaba que César Castellanos y su esposa Claudia tenían unas cincuenta mil células funcionando en su iglesia. En ella se espera de todos los recién convertidos que asistan a un retiro de tres días, durante el cual se les enseñan las doctrinas básicas de la iglesia y se los lleva a través de la liberación y la sanidad interior, lo cual incluye la destrucción de las maldiciones generacionales. Eso sí que es limpiar el pescado.[6]

Hace años, Doris y yo salimos a cenar con los esposos Castellanos en Bogotá. En aquellos momentos, su iglesia tenía unos diez mil miembros. Cuando les preguntamos el secreto del crecimiento de su iglesia, nos contestaron: "Que echamos fuera a los demonios". La gente liberada y sanada se queda en la iglesia; no anda saltando por las distintas iglesias, como hacen otros, y no es fácil que se sienta ofendida o rechazada.

Todas las iglesias necesitan un equipo de liberación y algún tipo de ministerio a los recién convertidos, semejantes a los de la iglesia de los Castellanos en Bogotá. Es triste decirlo, pero en el momento en que escribo esto, son muy pocas las iglesias que tienen este tipo de preparación. La consecuencia es que los miembros que quieren un ministerio de liberación tienen que viajar en busca de una persona o iglesia que lo tenga. Las cosas no deberían ser así. Recuerde que Marcos 16:17 afirma que, parte de lo que es normal para los creyentes, es que echen fuera demonios. Muchos creyentes jamás han echado fuera ni un solo demonio. Necesitamos adiestrar a los miembros de nuestras iglesias para que cumplan esta parte del mandato bíblico.

La demonización en la Biblia

Cuando uno comprende la forma de buscar esquemas en las Escrituras, se le hace fácil detectar las situaciones que presentan en las cuales alguien ha quedado demonizado. Los líderes religiosos que escuchaban a Esteban recibieron colectivamente la influencia de un espíritu religioso y un espíritu de asesinato. Observe lo que dice la Biblia de ellos: "Oyendo estas cosas, se enfurecían en sus corazones, y crujían los dientes contra él... Entonces ellos, dando grandes voces, se taparon los oídos, y arremetieron a una contra él" (Hechos 7:54, 57).

Saulo, el joven que presenció la forma en que estos mismos líderes apedreaban a Esteban, fue transformado y demonizado mientras contemplaba aquel asesinato. La Biblia dice que después de esto, hizo estragos en la Iglesia (Hechos 8:3). El espíritu religioso y el espíritu de asesinato que estaban sobre los líderes religiosos, también cayeron sobre él.

La demonización gradual

Muchas veces he hallado que una persona no queda totalmente demonizada de un día para otro. Por lo general, esto suele suceder por pasos. Con el fin de ayudarle a comprender plenamente el proceso, he reunido una lista. Gran parte de la información que presento a continuación precede de Lester Sumrall, presenta con notable percepción en su libro *Demons: The Answer Book*[7] ["Los demonios, el libro de respuestas"] las etapas hacia la demonización. He combinado las agudas observaciones de Sumrall con las mías propias, que he ido recogiendo a lo largo de mis años de ministerio.

> **La regresión.** En esta etapa, la persona ya no tiene deseos de leer la Biblia, adorar o alabar al Señor. Todos los creyentes necesitan hacer un esfuerzo por acercarse a Dios por medio del discipulado personal en el estudio de la Palabra y la adoración, para romper el poder de la regresión.

> **La represión.** Las emociones quedan más reprimidas aún. El gozo del Señor ya no se expresa en su vida ni en su voz. Es una atadura ligera que se suele quebrantar cuando se ofrece el sacrificio de alabanza en un culto de adoración.

Uno de los primeros lugares en los que se puede detectar esto es en la voz humana. La persona reprimida tiene una voz monótona y sin melodía.

La supresión. Suprimir significa exprimir, aplastar, apretar. La persona en estado de supresión tiene una sensación general de melancolía y letargo. No tiene ganas de ir a la Iglesia. Mi consejo, si usted se halla en la etapa de la supresión, es que se esfuerce por acercarse a Dios. Dígale al diablo que él no va a triunfar en la vida de usted, y repréndalo por hacer que tenga un espíritu angustiado (vea Isaías 61:3). Es posible que tenga que reprender al espíritu de pesantez para quedar libre. Después, esfuércese por acercarse al Señor y pídale que le ayude a recuperar su gozo. Hay un texto bíblico maravilloso sobre esto: "El corazón alegre constituye buen remedio" (Proverbios 17:22).

La depresión. La persona deprimida pierde sus apetitos. Muchas veces, padece de insomnio. En mi opinión, la depresión no es siempre un espíritu, pero lo puede ser. Yo no solía creer esto, hasta que observé que Carlos Annacondia, el evangelista argentino, tenía gran éxito con las personas deprimidas a base de echar fuera el espíritu de depresión. Desde entonces, he hecho lo mismo y he visto a muchas personas liberadas.

Otra nota, *sólo para las mujeres.* Algunas veces, las mujeres podemos estar repletas de hormonas. Tal vez tengamos un problema de depresión debido a cambios hormonales que sencillamente necesitan que se les devuelva el equilibrio. No todo lo que nos sucede es causado por un demonio.

La opresión. La persona oprimida da la impresión de que lleva encima los problemas del mundo. Es posible que sienta mucho temor y no les pueda hacer frente a las cargas de la vida. Tiene todos los síntomas sobre los cuales he escrito aquí, y otros más.

La obsesión. En esta etapa de dominio por parte de los demonios, según Sumrall, es dudoso que la persona a quien

Satanás le está haciendo daño se pueda liberar sin la ayuda de otra. La razón de esto es que las obsesiones transforman la mente. Lo negro se vuelve blanco y lo blanco parece negro. Lo recto ahora parece torcido, y la mentira se vuelve verdad. Por definición, la "obsesión" es "una preocupación perturbadora persistente con una idea o un sentimiento que carece de lógica".

La demonización[7] — Una vez que la persona alcanza este estado, se halla totalmente controlada por demonios en el alma y en el cuerpo. Les ha dado acceso a su carne, y por eso los demonios la gobiernan, haciendo lo que les parece. Su mente está dominada por espíritus y ya no les es posible controlar su vida mental. Cuando sucede esto, la persona necesita ayuda ajena para quedar libre. Ya no le es posible quebrantar por sí misma el poder de las influencias demoníacas.

Este estado es raro en un creyente. Sin embargo, hay ocasiones en que esto ha ocurrido. Con frecuencia, si la persona ha llegado a este punto, a menos que reciba liberación, hay que internarla en una institución mental. Es triste pensar que haya creyentes nacidos de nuevo en estas instituciones. He visto suceder esto en personas que han tenido tragedias profundas en su vida, como la pérdida de toda su familia, además de una serie de circunstancias terribles más.

¿Dónde habitan los demonios?

¿Dónde les gusta habitar a los demonios? Por supuesto, su primera selección son los seres humanos. Los ejemplos de esto son abundantes. Se han escrito muchos libros acerca de este tipo de opresión y posesión, así que no voy a abundar en el tema.

No obstante, los demonios no sólo tienen como blanco a los seres humanos. Algunas veces se conforman con un animal. Vemos que el propio Satanás escogió habitar en la serpiente para tentar a Eva (vea Génesis 3:1). Vemos también a Jesús enviando a los "espíritus inmundos" a los cerdos (vea Marcos 5:13).

Satanás usa cuantos medios tenga a su alcance, para demonizar a cuantas personas y cuantas cosas pueda. Nuestra familia supo bastante de esto cuando fui por vez primera a Argentina. Allí, el Señor se movió poderosamente a través de nuestro ministerio. Puesto que los demonios no tuvieron éxito al tratar de atacar directamente a los miembros de la familia, nos atacaron de otra forma.

Si tiene dudas, échelo fuera

Un día oí que nuestro encantador gatito negro soltaba un gañido desde el portal de atrás de nuestra casa de Weatherford, Texas. Cuando salí a ver qué le sucedía, gruñó, me trató de arañar y maulló como si fuera un engendro del infierno. Decididamente, me di cuenta de que en aquel gato había algo más, que no era nuestra encantadora y dulce mascota.

Cuando el gato comenzó a gruñir, llamé a Mike, que estaba en una reunión: "Mike, ¿puedes venir a casa tan pronto como te sea posible? Nuestro gato tiene un demonio". En aquellos tiempos, Mike *no creía* que un animal pudiera quedar demonizado. Llegó a casa al cabo de un rato, y me miró como si me hubiera vuelto loca. Puesto que en aquellos tiempos era el brillante y analítico Sr. Cerebro de Computadora, me dijo: "Cindy, nuestro gato no tiene un demonio".

"Muy bien", le respondí. "Entonces, ve tú y averigua qué le está pasando."

Mike se agachó para acariciar al dulce gatito, y tan pronto extendió la mano, el gato soltó el mismo maullido demoníaco que antes. Después gruñó, y se fue a meter debajo del automóvil. Él se volvió hacia mí y me dijo jadeante: "¡Cindy, es cierto que el gato tiene un demonio!" En aquel momento, yo sabía que no era políticamente correcto disfrutar tanto de la situación, así que murmuré: "Tal vez debamos tomar autoridad sobre él y liberarlo", y eso hicimos. A la mañana siguiente, teníamos de vuelta a nuestro cariñoso gatito.

Nunca se es demasiado joven

Es difícil no meterse a hacer una serie de relatos en este punto, pero me limitaré a uno más.

En los tiempos en que estaba viajando continuamente a Argentina, sucedía con bastante frecuencia que nuestros animales eran demonizados. Un día, cuando nuestro hijo Daniel tenía ocho años, entró corriendo con un gato que estaba gruñendo mientras él lo sostenía por la nuca. Lo tiró bajo la mesa del comedor y me gritó a mí, que estaba en la habitación contigua: "¡Mamá, esa cosa está de vuelta!"

"Daniel", le dije, "échala fuera tú mismo". "Mamá", me respondió, "yo estoy tratando de jugar; ven tú a resolver esto".

La cuestión es que él sabía cómo liberar al gato, y no tenía miedo, pero todo lo que pasaba era que estaba demasiado ocupado en sus juegos para querer meterse a hacerlo.

No es necesario que se trate de un ser vivo

Los objetos también pueden tener ataduras demoníacas, como los animales. La ciudad de Jericó fue maldecida por Dios, y el pueblo de Israel no pudo tomar nada de ella, con excepción de la plata, el oro y los metales preciosos, que Él les dijo que se debían entregar al tesoro de su casa (vea Josué 6:18-19). La ciudad fue quemada con fuego, porque ésta era la forma en que se debía tratar a las cosas malditas (vea Josué 10:15).

Más tarde, después de la derrota de los israelitas en Hai (vea Josué 7), el Señor le dijo a Josué que los habían derrotado porque había objetos malditos en el campamento. Así se descubrió que Acán había enterrado en su tienda objetos tomados de Jericó. Él, toda su familia y sus posesiones fueron destruidos con fuego y la maldición quedó rota. Observe que la maldición no sólo lo afectaba a él, sino a su familia y a la tribu entera.

Estoy incluyendo un apéndice sobre la forma de librar nuestra casa de objetos que puedan tener lazos demoníacos

Si usted ha comprado muebles antiguos y nunca ha orado sobre ellos, le recomiendo fuertemente que lo haga. Ese maravilloso armario personal de estilo victoriano inglés, o esa banca de roble del siglo XVIII pueden venir con "huéspedes" procedentes de otros dueños anteriores. En una ocasión, nuestra hija comenzó a sufrir de unas pesadillas terribles. Cesaron por completo después de que oramos por la cabecera de su cama, que era una antigüedad.

La liberación

¿Cómo saber si usted necesita liberación?

Es importante que disciernan si su problema tiene que ver sólo con su carne que anda suelta, o si es una influencia demoníaca. En lugar de crucificar a la carne y echar fuera a los demonios, hay quienes quieren crucificar a los demonios y echar fuera a la carne. No todo es un demonio; no obstante, no queremos desechar la posibilidad de que se trate de uno de ellos. He oído a ministros de liberación que han dicho: "Cuando tengas dudas, échalo fuera". Hay ocasiones en que el problema ha sido causado por la carne, y no por un demonio. Sin embargo, si hay un demonio metido en el asunto, es necesario que usted rompa con los hábitos que ha desarrollado, o deje de hacer lo que ha permitido la presencia del demonio en su vida. Por ejemplo, si el demonio ha entrado a su vida porque usted ha tomado la costumbre de acudir a un adivino, no basta con que busque liberación. También es necesario que deje de acudir a esa persona que le lee el futuro. Tiene que encontrar las raíces que causan el que usted esté haciendo lo que hace; de lo contrario, el espíritu regresará siete veces peor (vea Mateo 12:45).

La persona necesita liberación si han pasado o están pasando las siguientes cosas:

1. Problemas que reaparecen una y otra vez. Son adicciones, y usted se siente impulsado a participar en ellas; no se trata de algo que pueda dejar de hacer en cualquier momento.
2. Participación en el ocultismo.
3. Abusos sexuales (tanto si han abusado de usted, como si usted ha sido su perpetrador).
4. Es hijo adoptivo (es frecuente que los hijos adoptivos tengan que luchar con el espíritu de rechazo o el de abandono).
5. Temor desordenado a morir, frecuentes pensamientos obsesivos sobre la muerte, o el deseo de morir.
6. Legalismo religioso extremo.
7. Un afán desordenado de controlar o manipular.
8. Miembro de una sociedad secreta, como la masonería.

También es posible que necesite ser liberado de un espíritu que está en la familia, y que ha demonizado a su parentela de generación en generación (vea el capítulo 10). Algunas veces se trata de un espíritu familiar. Hablaremos con mayor extensión sobre esto en el próximo capítulo, al estudiar las maldiciones generacionales.

Si usted ha pedido alguna vez un espíritu guía mientras participaba en prácticas de la Nueva Era, va a tener necesidad de rechazarlo. Además, si sus hijos le dicen que tienen un amigo imaginario, no lo tome a la ligera (vea el capítulo 3). Es posible que se trate de un espíritu guía que está tratando de fijarse a su hijo, y no de que su hijo esté actuando de una manera graciosa.

Es importante que usted lea estos dos capítulos completos para que reciba el conocimiento que necesita a fin de quedar libre del poder que la participación en el ocultismo pueda haber logrado obre su vida. Además, hay un buen número de libros excelentes sobre la liberación (vea las lecturas recomendadas en la sección de apéndices).

Cuándo recibir la liberación

Es posible que ya sepa si necesita liberación, o que aún no esté seguro. He aquí algunas formas de decidirlo:

1. El discernimiento de espíritus: Se trata del don sobrenatural de discernimiento.
2. El fruto que produce este espíritu: Lo mencioné anteriormente. Cuando usted se siente dominado, o fuera de control, en algún aspecto de su vida, el tipo de fruto que usted da le va a decir quién lo está dirigiendo. Y si ese aspecto de su vida está realmente fuera de control, puede estar seguro de que el espíritu que influye sobre usted es demoníaco.
3. La participación en el ocultismo: Si ha participado en el ocultismo durante el tiempo que sea, lo más probable es que tenga algún tipo de atadura demoníaca que tendrá necesidad de destruir.

Para recibir liberación

Si ha decidido que necesita liberación, siga adelante hasta lograrla. Tal vez conozca algún ministerio de liberación con credibilidad. En ese caso, haga una cita y vaya a pedir ayuda. Si no conoce ninguno al que pueda ir, es posible que pueda orar usted mismo. Hay personas que reciben una buena liberación por medio de ministerios de "encuentro con la verdad", como los que menciona Neil Anderson en sus libros.[8]

Hay personas que reciben una fuerte liberación cuando nacen de nuevo o tienen una experiencia profunda con el Espíritu Santo. No estamos muy seguros de la razón por la que esto sucede con unos, y no con otros.

Cuando haga la oración que hay al final de este capítulo, dese cuenta de que usted tiene autoridad absoluta para echar fuera demonios en el nombre de Jesucristo. He aquí tres textos bíblicos que le darán aliento:

Someteos, pues, a Dios; resistid al diablo, y huirá de vosotros.

—SANTIAGO 4:7

He aquí os doy potestad de hollar serpientes y escorpiones, y sobre toda fuerza del enemigo, y nada os dañará.

—LUCAS 10:19

Mas si por el dedo de Dios echo yo fuera los demonios, ciertamente el reino de Dios ha llegado a vosotros.

—LUCAS 11:20

Los pasos hacia la libertad

Independientemente de que tenga la posibilidad de ir a que le ministre alguien con un ministerio de liberación, usted necesita dar los siguientes pasos: perdón, arrepentimiento y renuncia.

1. **Perdón:** Haga una lista de las personas a las que necesita perdonar, y perdónelas.
2. **Arrepentimiento:** Arrepiéntase de todo pecado conocido, pasado o presente, que haya en su vida.
3. **Renuncia:** Renuncie a toda participación en el ocultismo o influencia ocultista que haya en su vida.

¿Ha estado marcando la lista que mencioné al principio del libro? Éste es el momento de revisarla. Añádale todos los aspectos de participación en el ocultismo que haya en su vida, y que no estén incluidos aún. Entonces, use la lista mientras hace la siguiente oración:

Padre Dios, en este momento me arrepiento de toda participación en el ocultismo. Perdóname el que haya participado en esas prácticas que tú prohíbes en tu Palabra. Ahora renuncio a mi participación en las siguientes cosas, y me arrepiento de ellas: (mencione ahora los puntos que ha señalado en su lista).

Después de haber pasado por el proceso de renuncia, haga esta oración para atar a todos los poderes demoníacos que de alguna forma lo hayan demonizado:

Padre, en el nombre de Jesucristo de Nazaret, ato ahora todos los espíritus demoníacos que se puedan haber aferrado a mí, y tomo autoridad sobre ellos. Espíritus demoníacos, les prohíbo que se manifiesten, o que nos hagan daño a mí y a mi familia de la forma que sea. Me cubro con la sangre de Jesucristo y te pido, Padre Dios, que envíes a tus ángeles para que nos protejan a mí, a mi familia, a mis seres amados y a mis posesiones. En el nombre de Jesús. Amén.

Puede orar para pedir liberación al final del próximo capítulo. Es importante que resuelva las iniquidades de las generaciones pasadas antes hacer de la oración de liberación, para que pueda quedar realmente libre.

Lista de prácticas ocultistas

Renuncie a todas las prácticas que aparezcan en esta lista, y en las cuales usted haya participado en algún momento de su vida a cualquier nivel, desde la simple curiosidad, hasta la participación plena. Recuerde que leer su horóscopo, jugar con un tablero de *Ouija* o preguntarse quién era usted en una vida pasada, equivale a curiosear, y es necesario renunciar a estas cosas también. Use esta lista cuando haga la oración que se encuentra al final del capítulo 9.

Capítulo 10

Romper las maldiciones

Hace algunos años recibí una desesperada llamada de una señora que es miembro de nuestra iglesia. Al otro lado de la línea, su voz sonaba llena de pánico y aterrorizada. Mientras yo escuchaba, esta señora me contó que su hija había sido operada hacía poco y había salido bien de la operación. Sin embargo, al parecer sin razón aparente, había entrado en una rápida recaída y estaba en cuidados intensivos. Los médicos estaban totalmente perplejos.

Aquella madre me dijo: "¿Cindy, puedes venir?" Ninguno de los médicos sabe qué hacer. Anda dando golpes por todas partes, hay que amarrarla y su situación está empeorando."

Mientras hablaba aquella madre, yo estaba pensando en lo que ella decía, al mismo tiempo que sintonizaba cuidadosamente también con la voz del Señor. El Espíritu Santo me habló durante aquella conversación para decirme: "Tiene una maldición de muerte. Vé al hospital y rompe esa maldición". Por el momento, como me pareció que era más prudente guardarme esa información, le dije a la madre que con todo gusto iría a orar por su hija.

Mientras conducía el auto rumbo al hospital, supe que podría ser todo un reto entrar a verla en la Unidad de Cuidados Intensivos. Reflexionando sobre lo que debía hacer, sentí que el Señor me dijo que el acercamiento directo era el mejor. Así que sencillamente, entré en la Unidad, les dije que era su ministro, y que la tenía que ver de inmediato. Para mi sorpresa, me dejaron verla enseguida.

Romper la maldición de muerte

Cuando entré al cuarto, me quedé pasmada ante el aspecto de mi amiga. Estaba amarrada con correas, dando golpes a lo loco, y al parecer, en algún tipo de estado alterado. Abrí la Biblia en el Salmo 91 y le leí el pasaje en voz alta. Después me incliné y le susurré: "Susan (éste no es su verdadero nombre), te han echado una maldición de muerte y tienes miedo de que vas a morir. Pero no vas a morir. Yo voy a romper la maldición ahora mismo y te vas a poner bien".

Entonces dije en el mismo tono de voz: "En el nombre de Jesucristo, rompo tu maldición de muerte. Espíritu de muerte, vas a soltar la vida de Susan, y la vas a dejar en este mismo instante". Después de la oración, ella se tranquilizó y pareció estar descansando. Yo estuve junto a ella por un momento, hice una oración de sanidad y me marché.

A la mañana siguiente recibí una llamada de la madre, que me dijo muy gozosa: "Cindy, gracias por tu oración. Su recuperación ha sido realmente notable. Esta mañana se despertó, y estaba tan mejorada, que la llevaron de vuelta a su propio cuarto. Está sentada hablando y comiendo, y los médicos todavía no saben qué le estaba pasando".

En aquel momento fue cuando le dije que había roto una maldición de muerte que había sobre la vida de Susan, y había orado por su sanidad. La madre se quedó asombrada y colgó el teléfono después de darme las gracias a mí y, sobre todo, darle las gracias al Señor Jesucristo.

Comprendo que este relato les podrá parecer muy extraño a algunos. ¿Una maldición de muerte? ¡Si esas cosas ya no suceden en estos tiempos!

Una maldición de muerte

Déjeme contarle otra historia. Hace varios años, estaba ministrando en una iglesia evangélica en el este de los Estados Unidos. Tenga presente que no se trataba de una congregación carismática. Mientras ministraba, tuve de repente una palabra de conocimiento de que en la congregación había personas que habían perdido familiares, porque éstos habían sido maldecidos de muerte.

Todo aquello parecía bastante extraño, incluso para mí. Sin embargo, sabía que era el Espíritu Santo el que me indicaba que preguntara si alguien tenía parientes que hubieran muerto de esa forma. Para mi sorpresa, cerca de diez personas pasaron al frente. Comencé a entrevistarlas, y una tras otra me contaron la muerte tan terrible que habían sufrido distintos parientes suyos después de haber sido maldecidos. Uno murió ahogado, y otros habían tenido una muerte igualmente inverosímil.

Esto me llevó a comprender la "magia powwow", de la que hablé en el capítulo 4. Prevalece en algunas iglesias de Pennsylvania, y es una mezcla de brujería con creencias cristianas. Les pedimos a las personas de la congregación que se arrepintieran por su familia, si ésta practicaba esa clase de brujería. La propia madre del pastor había sido bruja practicante, y él oró por aquéllos cuya familia había recibido una maldición de muerte.

También pedí que se pusieran de pie los que sintieran que se había lanzado sobre ellos una maldición de muerte, y fue asombrosa la cantidad de personas que se pusieron de pie para que orara por ellas. Algunas personas estaban llorando. También perdonaron a los que les habían hecho este mal. Para mí, fue una experiencia que me dejó los ojos bien abiertos.

Las personas que han sido maldecidas llevan una vida de derrota. Constantemente se están enfermando, viviendo en la pobreza y pasando por depresiones. Por lo general, no sólo están derrotadas estas personas, sino que sus padres lo estuvieron también antes que ellas.

¿Han lanzado una maldición sobre usted?

Este capítulo no sólo lo va a ayudar a comprender las maldiciones, sino que lo ayudará a saber si ha sido maldecido. Hay muchas clases distintas de maldiciones, pero si usted es cristiano, no tienen por qué prosperar en contra suya.

Cuando estudiemos el tema de cómo romper maldiciones, es crítico que comprendamos que Dios mismo pensó que este tema es tan importante, que hizo que Moisés les ordenara a los hijos de Israel que se pusieran de pie sobre dos montes una vez que entraron en la Tierra Prometida. Entonces hizo que los levitas le hablaran en voz alta a su pueblo. Así les presentaron las maldiciones que son consecuencia de la desobediencia, y las bendiciones que trae consigo la obediencia. Aunque muchos de nosotros hemos estudiado las bendiciones, no son muchos los cristianos que están conscientes de aquellas cosas que pueden causar que caiga sobre nosotros una maldición si somos desobedientes.

Las maldiciones, tal como aparecen en Deuteronomio 27:15-26, se deben a las siguientes cosas:

1. Hacer una imagen tallada o de molde para usarla en la idolatría, lo cual había sido estrictamente prohibido (vea Éxodo 20:3-5).
2. Tratar a su padre o a su madre con menosprecio (vea Éxodo 20:12).
3. Hacer que un ciego se salga del camino.
4. Pervertir la justicia debida al extranjero, al huérfano y a la viuda.
5. Pecados sexuales de distintos tipos, como el incesto, la sodomía y el adulterio.
6. Atacar en secreto a su vecino.
7. Aceptar un soborno para matar.
8. No observar todas las palabras de esta Ley.

Sin embargo, las maldiciones no terminan aquí. Se presentan de una forma más profunda en Deuteronomio 28:15-68. Derek Prince, en su excelente libro *Blessing or Curse,* presenta esta lista de maldiciones, tomadas de este pasaje:

1. Humillación.
2. Esterilidad, infecundidad.
3. Enfermedad mental y física.
4. Destrucción de la familia.
5. Pobreza.
6. Derrota.
7. Opresión.
8. Fracaso.
9. Pérdida del favor de Dios.[1]

La cabeza y la cola

Por supuesto, Dios también les dio a los hijos de Israel una lista de bendiciones que recibirían si le obedecían. Prince también dice esto acerca de las bendiciones:

En una ocasión le pedí al Señor que me mostrara cómo se aplicaría esto a mi vida. Sentí que Él me daba esta respuesta: La cabeza toma las decisiones, mientras que la cola todo lo que hace es dejarse arrastrar.[2]

Es posible que usted se sienta más como cola que como cabeza; como si lo anduvieran arrastrando por la vida. Tal vez lo hayan maldecido; sobre todo si usted, o alguien de su familia, ha tenido algo que ver con el ocultismo. Estoy escribiendo esto en el capítulo final, para que usted pueda terminar las últimas páginas de este libro después de haber sido liberado, y caminar en victoria en todo lo que Jesús compró para usted en la cruz.

Siempre he hallado que Dios es muy listo, y que ha escrito cosas en la Biblia y las ha puesto allí de tal manera que nosotros comprendamos su importancia para nuestra vida. En otras palabras, los hijos de Israel debían seguir sus indicaciones precisamente en el mismo orden en que Él se las estaba dando. Los hijos de Dios de hoy hemos sido injertados en el olivo, de manera que somos también herederos de las bendiciones de Abraham (vea Gálatas 3:13-14).

¿Qué estoy tratando de decir? Los hijos de Israel, para tomar la Tierra Prometida, tenían que comprender qué les acarreaba bendición, y qué les acarreaba maldición. Estoy tratando de decir que nosotros también necesitamos eso mismo hoy. Hay muchos andando por ahí, que han sido maldecidos de diversas formas, saben que están derrotados, pero no saben qué hacer al respecto. Este capítulo va a poder servir para echarlos a andar por la senda de la libertad con respecto a las maldiciones.

¿Cómo saber si nos han echado una maldición?

Hay cosas que indican que nos han echado una maldición. Por supuesto, algunas de ellas pueden proceder de otras fuentes también. Muchas veces habrá un esquema o combinación de factores que significa que usted está sufriendo a causa de algún tipo de maldición. En el transcurso de muchos años ayudando a las personas a liberarse de las maldiciones, he aprendido a reconocer algunas de esas cosas que sirven como indicadores:

1. Enfermedades repentinas e inexplicables (con esto quiero decir que el médico no es capaz de hallarles ninguna causa natural conocida).
2. Mareos o desmayos repentinos.
3. Fuertes dolores de cabeza.
4. Dolores físicos agudos e inexplicables (una maldición vudú puede causar este tipo de cosas).
5. Demencia en la familia.
6. Un cuadro de debilidades en la persona o en la familia.
7. Pobreza.
8. Esterilidad.
9. Desaprobación.

Cuando nos enfrentamos al tema de las maldiciones, no sólo oramos por la persona, sino que le pedimos que se haga un examen físico, en especial si presenta algún cuadro de enfermedad, como dolores de cabeza o mareos. Una forma de saber si hemos roto una maldición es que, cuando ha sido rota, los síntomas no se vuelven a presentar.

Fuentes de las maldiciones

Es importante que comprendamos que una maldición no puede prosperar en contra nuestra por mucho tiempo sin que haya alguna puerta abierta en nuestra vida. Proverbios 26:2 dice: "Como el gorrión en su vagar, y como la golondrina en su vuelo, así la maldición nunca vendrá sin causa".

Una maldición se puede producir a causa de algo que hayamos hecho, ser consecuencia de una iniquidad de familia que produce maldiciones generacionales, o ser un ataque exterior procedente de alguien envuelto en el ocultismo. También es posible que una persona sufra una maldición cuando alguien dentro del Cuerpo de Cristo hace oraciones falsas.

Las puertas abiertas

Hay diversas formas de abrir la puerta para que una maldición prospere en contra nuestra. He aquí unas cuantas:

1. La decisión de no perdonar a alguien.
2. La participación en prácticas ocultas.
3. La idolatría.
4. La posesión de objetos prohibidos por la Biblia.
5. No diezmar.
6. Juramentos hechos durante ceremonias de sociedades secretas como la masonería, la Estrella de Oriente y otras.
7. Las iniquidades generacionales.

Podría escribir un libro sólo sobre el tema de cómo romper las maldiciones, puesto que cada uno de los puntos anteriores se podría convertir con facilidad en un capítulo por sí mismo. En lugar de hacerlo, voy a mencionar unos materiales de consulta excelentes para que los lea en lo que se refiere a este tema y otros mencionados por este libro, y que lo van a ayudar a comprender todo esto con mayor profundidad.

Los lazos entre generaciones

La puerta más grande que suelen tener abierta a las maldiciones las personas en su vida, es la de las iniquidades generacionales que han ido pasando en la familia de una generación a otra. La Biblia se refiere a ellas en diversos lugares; entre ellos, Éxodo 20:5:

> No te inclinarás a ellas, ni las honrarás; porque yo soy Jehová tu Dios, fuerte, celoso, que visito la maldad de los padres sobre los hijos hasta la tercera y cuarta generación de los que me aborrecen.

Muchas personas se sienten confundidas en cuanto a las iniquidades, porque no saben que hay una diferencia entre pecado e iniquidad. La Biblia habla de ambos varias veces, como dos cosas distintas (vea el Salmo 32:5a, "Mi pecado te declaré, y no encubrí mi iniquidad"). Básicamente, el pecado es la causa y la iniquidad incluye el efecto. La iniquidad generacional funciona de esta forma: Uno de los padres puede cometer un pecado, como el de participar en ritos ocultistas, o un pecado sexual, y eso produce una maldición. Esta maldición produce a su vez una iniquidad o debilidad generacional que va pasando en la familia a las generaciones posteriores.

He aquí un ejemplo que puede aclarar este proceso. Una mujer embarazada se somete a unos rayos X y el niño queda deforme a causa de esos rayos X. El niño no pidió que se le hicieran los rayos X; sin embargo, es afectado y se convierte en víctima. El pecado, como los rayos X, daña a las generaciones venideras. Este pensamiento es terrible, y debería poner en nosotros el temor del Señor antes de meternos en el pecado.[3]

En resumen: Cuando alguien peca, si no se arrepiente de ese pecado, los hijos que tenga después de haber pecado van a cosechar lo que ha sembrado, por medio de eso que la Biblia llama "iniquidad". Esta iniquidad se puede presentar bajo la forma de una atadura espiritual, como son las diferentes formas de adicción, o bien una debilidad compulsiva por los pecados sexuales o la perversión. También es posible que todos sus hijos se adquieran una fuerte tendencia a los accidentes, o lleven una vida de pobreza extrema.

La buena noticia en todo esto es que Jesús pagó el precio, no sólo por nuestro pecado, sino también por las iniquidades de nuestros antepasados. Esas iniquidades no afectarán a su salvación eterna, pero sí afectan a la calidad de vida que lleve en esta tierra. Isaías 53:1-13 dice que Él (Jesús) no sólo llevó nuestros pecados, sino también nuestras iniquidades. Se hizo maldición por nosotros, para que nosotros pudiéramos ser libres.

Cristo nos redimió de la maldición de la ley, hecho por nosotros maldición (porque está escrito: Maldito todo el que es colgado en un madero), (Gálatas 3:13).

Las tres maldiciones principales

Hay tres maldiciones principales que son consecuencia de que hayamos quebrantado la ley de Dios. Se pueden hallar en Deuteronomio 28:15-68. Son las maldiciones de la pobreza, la enfermedad y la locura.

La maldición de la pobreza

> El fruto de tu tierra y de todo tu trabajo comerá pueblo que no conociste; y no serás sino oprimido y quebrantado todos los días… Sacarás mucha semilla al campo, y recogerás poco, porque la langosta lo consumirá.
>
> —Deuteronomio 28:33, 38

¿Cómo saber que tiene encima una maldición de pobreza? Acaba de arreglar su auto, y se le rompe la lavadora. Arregla la lavadora y se rompen las tuberías del agua. Por lo general, tiene una gran deuda con las tarjetas de crédito, y con unos intereses tan altos, que sólo puede pagar el interés e irse hundiendo cada vez más.

Una de las puertas a la maldición de la pobreza es la que abrimos cuando le robamos a Dios. Si sus padres o abuelos no diezmaban, esto significa que le robaban a Dios (vea Malaquías 3:8-9). Este texto bíblico afirma que quien no diezma, tiene sobre sí una maldición. He descubierto que muchas veces, cuando la persona diezma y no recibe bendición, es porque está sufriendo bajo esta maldición.

Por supuesto, otra gran puerta abierta a la maldición de la pobreza es la idolatría. Si usted, o algún miembro de su familia, ha adorado ídolos, le pusieron el nombre de un santo, o ha participado en cualquier tipo de prácticas ocultistas, se ha producido una maldición.

En una ocasión le ministré en el sur de Argentina a una señora en cuya familia había una maldición que hacía que el varón primogénito de cada generación muriera joven. Tenían una maldición de muerte temprana. Ella se arrepintió de la idolatría de su familia, y rompimos esta terrible maldición.

El nombre de un santo

En algunas familias es cosa corriente ponerles a los hijos el nombre de un santo. Esto se hace por tradición, o por respeto. Ahora bien, si a lo largo de los años, la familia o la Iglesia ha adorado a este santo en particular como ídolo, es posible que haya demonios que se hayan aferrado a ese nombre. Si le pusieron a usted el nombre de ese santo, debe renunciar a todas esas ataduras. Recuerde que está renunciando a los demonios y a la idolatría con ese santo, y no al santo mismo.

No es necesario que se cambie el nombre, a menos que sienta que el Espíritu Santo le indica que lo haga. Algunas veces, la adoración de un santo determinado dentro de una familia es tan fuerte, que las personas necesitan romper con ella por completo y cambiarse el nombre; otras veces, todo lo que necesitan es renunciar a los lazos existentes.

Los lazos demoníacos con ciertos nombres no se producen sólo en la Iglesia occidental. En el Asia, muchos creyentes toman un nombre cristiano cuando se convierten, porque su nombre anterior estaba relacionado con algo oculto, o les había sido impuesto por medio de la adivinación.

Es emocionante ver el fruto de la libertad, y el cambio que se produce en la vida de un creyente después de que queda libre de la maldición de la pobreza. Ha habido pastores de toda la América Latina que me han dicho que han podido comprar un auto o una casa por vez primera en su vida, y proveer para su familia, después de haber quedado libres de esta terrible maldición.

Al final de este capítulo vamos a romper cuantas maldiciones tenga usted sobre su vida. Sería conveniente que hiciera una lista a medida que lee, y escriba en un diario lo que le parece que debe ser la puerta abierta que ha permitido que entre la maldición, de manera que después se pueda arrepentir.

La maldición de la enfermedad

> Jehová te herirá de tisis, de fiebre, de inflamación y de ardor, con sequía, con calamidad repentina y con añublo; y te perseguirán hasta que perezcas… Jehová te herirá con la úlcera de Egipto, con tumores, con sarna, y con comezón de que no puedas ser curado
>
> —DEUTERONOMIO 28:22, 27

¿Cómo saber que tiene una maldición de enfermedad? Acaba de pasar una gripe, y se rompe un dedo del pie. Se le mejora el dedo, y adquiere una enfermedad en la sangre. Si es una maldición de familia, va a ver producirse el mismo esquema de cosas en sus hijos. Por supuesto, todo esto se relaciona también con la pobreza, porque por lo general también va a tener grandes gastos médicos.

La maldición de la locura

> Jehová te herirá con locura, ceguera y turbación de espíritu.
>
> —DEUTERONOMIO 28:28

Muchas veces la locura es un problema de familia. Hay diferentes tipos de enfermedad mental, como la depresión maniática, que aparecen generación tras generación. He descubierto que la propensión al síndrome premenstrual y las dificultades en los ciclos femeninos también se pueden relacionar con una maldición de idolatría en la línea familiar.

Romper el poder

Es muy posible que la primera persona que trate de romper el esquema de iniquidad y maldiciones en su familia sostenga una fuerte lucha. Tanto los espíritus demoníacos, como el esquema o las debilidades de tipo físico, han estado establecidos en algunos durante muchas generaciones. Algunas veces hay una fuerte batalla para romper su poder, hasta incluso después de rota la maldición. No se desanime si se halla en medio de una gran batalla. No está luchando sólo por sí mismo, sino también por las generaciones futuras. Es posible que usted sea el único creyente de su familia, y esté en la brecha por todos ellos. Pídale a otras personas de su familia espiritual que oren con usted hasta que quede libre toda su familia. Por supuesto, tal como señalé anteriormente, es posible que usted necesite consejería (además de sanidad interior, la cual consiste básicamente en el perdón) para caminar en una libertad total. Necesita comprender los esquemas a romper, de manera que no vuelva a caer en las mismas clases de pecado.

Además de lo que haya con respecto a las maldiciones generacionales, es posible que lo haya maldecido alguien que está metido en el ocultismo, tal como mencioné en el ejemplo de la magia powwow. También he hablado de las maldiciones que les lanzan los satanistas a los que ellos consideran indignos, o simplemente un estorbo.

Ningún arma prosperará

Los cristianos necesitan comprender que, así como hay intercesión en los cielos, también la hay en los infiernos. Esto lo aprendí de mi buena amiga Margaret Moberly. Algunos ocultistas odian hasta la muerte a la gente por medio de conjuros y cantos. Otros hacen sacrificios con el fin de liberar demonios para que persigan a los cristianos y les lleven la muerte y la pobreza. La buena noticia en todo esto es que ninguna de estas maldiciones tiene derecho alguno a prosperar en contra de usted.

> Ninguna arma forjada contra ti prosperará, y condenarás toda lengua que se levante contra ti en juicio. Esta es la herencia de los siervos de Jehová.
>
> —ISAÍAS 54:17

Observe que este texto bíblico no dice que el arma no vaya a ser forjada ni enviada; lo que sí dice es que no prosperará. Necesitamos permanecer puros y santos ante el Señor, caminando en el perdón, de manera que no tengamos en nuestra armadura agujero alguno por donde nos pueda atacar el maligno. Jesús dijo: "Viene el príncipe de este mundo, y él nada tiene en mí" (Juan 14:30).

Aunque una maldición trate de azotarlo, no podrá prosperar si usted está caminando rectamente ante Dios.

He aquí algunas puertas posibles que, al quedar abiertas, facilitan que una maldición ocultista lo azote:

1. Las contiendas
2. La decisión de no perdonar
3. Los traumas
4. No diezmar
5. Dejar de congregarse con los creyentes (se nos ordena que no lo hagamos)
6. La brujería dentro de la Iglesia
7. El antisemitismo

Ataques súbitos

Las maldiciones ocultistas atacan de repente. Por eso necesitamos escuchar todos los días al Espíritu Santo, quien nos alertará sobre los ataques que se van a producir. Alabado sea el Señor, porque si nosotros no estamos suficientemente sensibles en lo espiritual, con frecuencia Él alerta a nuestros amigos e intercesores, para que ellos oren por nosotros.

Un día, yo le estaba leyendo un libro a mi hija Mary, cuando de repente me sentí sumamente mareada y débil. Aquello me golpeó con una furia tal, que yo supe enseguida que era algo sobrenatural. Le dije en voz baja a Mary: "Cariño, ¿por qué no te vas a jugar en tu cuarto un rato?" Entonces llamé a mi amiga Margaret Moberly. Ella oró conmigo y rompió la maldición. Después de aquello, me sentí completamente bien, y los mareos no volvieron. En otra ocasión, iba caminando por la casa y de repente, la parte izquierda del cuerpo se me durmió desde la cabeza hasta los pies. De nuevo llamé a Margaret, y ella me dijo que me habían lanzado una maldición llamada "aturdir y entumecer". Rompió la maldición, y todos los síntomas desaparecieron de inmediato.

Se producen accidentes

Las maldiciones ocultistas pueden causar accidentes. Una caída escaleras abajo en la que usted siente que lo han empujado, un fuego que comienza misteriosamente, u otros sucesos extraños, pueden ser el resultado final de una maldición. Si lanzan esa maldición por medio de un sacrificio sangriento, va a ser más fuerte. Algunas veces, los ocultistas sacrifican un dedo, u otra parte de su cuerpo. Otras, ofrecen otro tipo de sacrificio para fortalecer el poder de los demonios que envían en contra de usted. También en ocasiones maldicen ciertas intersecciones de la ciudad, y en esos lugares se repiten los accidentes. Es necesario orar por ellas y levantar la maldición de los accidentes.

A veces sucede que, cuando una maldición lanzada contra cierta persona no puede prosperar, rebota contra el que la ha enviado o afecta a algo o alguien cercano a la persona que se quería que fuera la víctima, ya se trate de cercanía en el afecto, o en la proximidad física. He conocido varios casos de esto. Hace años, la casa de enfrente a la de C. Peter Wagner se quemó durante una de nuestras primeras reuniones de la Red de Guerra Espiritual. Los intercesores sentimos que había sido una maldición enviada contra él, mientras nosotros orábamos oraban contra toda destrucción que viniera hacia él.

En otra ocasión, yo había orado contra un espíritu de muerte enviado hacia una amiga mía. Ella estaba bien, pero una amiga de ella cayó muerta en su cocina aquella misma semana. Por consiguiente, hemos aprendido a ser sensibles a las indicaciones del Espíritu Santo, para romper por completo los efectos de la maldición y asegurarnos de que no pueda prosperar en absoluto contra nadie.

Algunas familias tienen encima una maldición de muerte, y sus descendientes mueren a edad temprana. Esto sucedía en la familia de mi padre, y hemos orado para romper eso en nuestras generaciones. Mi padre murió joven, como le había sucedido a su padre antes, y también les había sucedido a la mayoría de sus hermanos y hermanas, y a su madre.

Maldiciones contra los lugares

También se puede maldecir una tierra, como se maldice a las personas, y la maldición afecta a los que viven en ella. Escribí sobre esto en el capítulo acerca de la demonología. *Releasing Heaven to Earth* ["Liberar el cielo sobre la tierra"], de Alistair Petrie, es un libro excelente sobre el tema de romper las maldiciones sobre las tierras. Alistair es líder anglicano en Canadá, y ha obtenido unos resultados notables en lo que se podría calificar de "sanar la tierra" (2 Crónicas 7:14).

Podemos encontrar en Josué 6:26 un poderoso ejemplo de maldición sobre una tierra, cuando Josué proclama: "Maldito delante de Jehová el hombre que se levantare y reedificare esta ciudad de Jericó. Sobre su primogénito eche los cimientos de ella, y sobre su hijo menor asiente sus puertas".

Ciertamente, esto se produjo cuando Hiel de Bet-el reedificó a Jericó. En 1 Reyes 16:34 se dice que "a precio de la vida de Abiram su primogénito echó el cimiento, y a precio de la vida de Segub su hijo menor puso sus puertas, conforme a la palabra que Jehová había hablado por Josué hijo de Nun".

La protección de sus seres amados

Otro ataque posible procedente de una maldición puede venir en contra nuestra o de nuestros seres amados durante una operación quirúrgica. Es importante que oremos sobre nuestros seres amados mientras están en el hospital, porque algunas veces los ocultistas se aprovechan de ellos mientras están anestesiados, o indefensos de alguna otra forma. Sea sensible ante su amigo o pariente después de la operación, para ver si está actuando de maneras extrañas, o no se está recuperando como es debido.

No quiero infundir pánico, de manera que la gente se ponga nerviosa cuando se trate de ir a los hospitales. Hay muchos médicos y enfermeras que son excelentes, y no quiero que usted actúe de forma paranoica en cuanto a conseguir ayuda médica. Todo lo que necesitamos es permanecer espiritualmente sensibles.

Otra puerta abierta a una maldición de muerte es la del trauma y el rechazo. En una ocasión, antes de ir a Argentina, recibí una llamada de alguien muy cercano a mí. Esta persona estaba muy molesta conmigo porque yo estaba enseñando guerra espiritual, me lo hizo saber. Después me dijo que había muchas personas cercanas a mí que supuestamente estaban pasando por problemas a causa de esto.

No me di cuenta de lo mucho que esto me había afectado, hasta que volví del viaje. Durante nuestra estancia allí, había dirigido un grupo en oración contra San la Muerte, el espíritu de muerte. Un día, después del culto en la iglesia, me recosté y de pronto, supe que me estaba muriendo. Podía sentir literalmente que la vida se me estaba yendo del cuerpo. Enseguida llamé a mi esposo Mike, y le rogué que llamara a los intercesores. "Mike, me estoy muriendo", le dije. Puesto que nunca antes le había dicho nada parecido, Mike se lo tomó en serio y comenzó de inmediato a llamar a nuestros compañeros de oración.

Más tarde, después de rota aquella maldición, le pregunté al Señor cuál había sido la puerta abierta por donde había entrado. Él me dijo: "Cindy, ¿recuerdas aquella llamada telefónica? No has perdonado en tu corazón a aquella persona, y te sientes dolida con ella". No hace falta decir que la perdoné enseguida y por completo. De hecho, podríamos decir que me sentí muy motivada a hacerlo.

Las sociedades secretas

Una gran puerta que muchas personas tienen en su vida, es la procedente de una maldición generacional debida a la participación de su familia en sociedades secretas; en particular, en la masonería. Le recomiendo que si alguno de sus antepasados ha estado involucrado en estos grupos, haga un estudio profundo de este tema. Hay algunos libros excelentes de autores como Ron Campbell, quien escribió *Free from Freemasonry* ["Libre de la masonería"]. De hecho, cuando se hacen los votos en los diferentes niveles de la masonería, se lanzan verdaderas maldiciones contra la familia de la persona.[4]

Una fuente de maldiciones que muchas veces se pasa por alto, se halla dentro de la propia Iglesia: la brujería dentro de la Iglesia. La Biblia dice que una de las obras de la carne es la brujería o hechicería (vea Gálatas 5:20). ¿Cómo opera esto? Una de las formas en las que funciona la brujería es la manipulación, el control, la intimidación y la rebelión (1 Samuel 15:23).

Las oraciones falsas

Hay cristianos que tratan de controlar y manipular a otros cristianos por medio de lo que yo llamo "oraciones falsas". Oran de acuerdo con su propia voluntad, y no de acuerdo con la voluntad del Padre, inconscientes de que, al hacerlo, han cruzado la línea para meterse en la brujería. Nuestras palabras son muy poderosas. Proverbios 18:21 dice que "la muerte y la vida están en poder de la lengua, y el que la ama comerá de sus frutos".

He conocido casos de pastores y líderes que han quedado terriblemente confundidos por maldiciones de palabra debidas a oraciones falsas, o incluso a fuertes declaraciones hechas por otros creyentes.

Por eso es importante no orar incorrectamente, sino aprender a orar las Escrituras. Al hacerlo, liberamos a nuestros líderes y amigos para ponerlos en manos de la voluntad de Dios, y no de la nuestra propia. Hablé de esto en el capítulo titulado "Intercesión defectuosa", que forma parte de mi primer libro, *Possessing the Gates of the Enemy* ["Conquistemos las puertas del enemigo"]. Rick Godwin tiene un buen libro sobre este tema. Se llama *Exposing Witchcraft in The Church* ["Exponiendo la hechicería en la Iglesia"].

¿Cómo saber si algún creyente ha puesto sobre usted una maldición de palabra? Es posible que de repente se sienta confundido e incapaz de oír con claridad la voz del Señor. Cuando esto suceda, usted puede tomar autoridad en el nombre de Jesucristo sobre cuantas maldiciones de palabra, o palabras falsas, hayan sido lanzadas para manipularlo.

El antisemitismo

Una última puerta abierta a las maldiciones, y no es la menor, es la del antisemitismo. Dios les prometió en Génesis 12:3 a los hijos de Abraham: "A los que te maldijeren maldeciré".

Si usted tiene algún tipo de prejuicio contra el pueblo judío, lo cual es antisemitismo, o existe en su familia, esto puede traer maldición sobre su economía y su vida. De hecho, una de las claves para la sanidad de la economía en Argentina fue que los argentinos se arrepintieran de haberles dado refugio a los criminales de guerra alemanes, y a los barcos cargados de oro de los nazis.

Para quedar libre de una maldición

Por fin llegamos ahora a la parte buena: la purificación y la liberación de cuantos efectos hayan tenido las maldiciones en su vida. Estoy emocionada por haber llegado a este punto, y siento que es una gran bendición formar parte del esfuerzo que lo va a liberar para que tenga una libertad total en Cristo.

La oración para pedir salvación

Por supuesto, el primer paso para quedar libre, es asegurarse de que usted es un creyente nacido de nuevo. Si no está seguro de que, si muere esta noche, irá al cielo, entonces necesitamos detenernos para orar juntos, de manera que pueda estar seguro de que es hijo del Dios viviente, comprado con la sangre de su Hijo. Sólo por medio del nombre de Jesucristo puede usted quedar libre de las maldiciones que operan en su vida.

Tomemos un instante para orar juntos. (Si ha estado fuertemente involucrado en el ocultismo, le sugiero que haga esta oración con otra persona, y que cumpla con el requisito previo de renunciar a toda relación con los espíritus guías).

> *Dios mío, te pido que me perdones mis pecados. Me arrepiento de todas las maneras en que no he obedecido a tu Palabra. Perdóname. Señor Jesús, te pido que entres a tomar control absoluto sobre mi vida. Sé el Señor de mi vida a partir de este momento. Quiero ser hijo tuyo.*
>
> *Gracias, Señor, por hacerme libre. Gracias por permitirme que sea hijo tuyo desde este día en adelante. En el nombre de Jesucristo. Amén.*

Después de haber hecho esta oración, no tiene que volver a dudar jamás sobre si es cristiano o no. Dios mediante, no va a morir esta noche. Sin embargo, cuando le llegue el momento de partir de esta vida, va a ir derecho al cielo para vivir con el Señor Jesucristo.

Haga un detenido examen de su vida

El próximo paso a dar, después de asegurarse de que está en una relación correcta con Dios, es hacer un inventario de su vida. Tómese el tiempo necesario para pedirle al Espíritu Santo que le muestre si hay en su vida algo en lo que no haya querido perdonar. Haga una lista con los nombres de las personas a las que necesite perdonar, tanto las vivas como las que ya hayan fallecido. Después, ore concretamente para liberar a cada una de esas personas. He aquí un modelo de oración que le puede ayudar:

> *Dios mío, en este momento perdono a _____. Lo perdono por (la forma en que lo haya herido a usted, a su familia o a otras personas). Ahora lo pongo en tus manos, y te pido que sanes en mi corazón cuanta herida haya en él, que esté relacionada con (la situación que le ha causado angustia).*

Haga además una lista de cuantos pecados se hayan podido cometer en su familia. Entre ellos necesita incluir ataduras como los pecados sexuales. Una de ellas que no he mencionado aún es la maldición de ser hijo ilegítimo, que llega incluso hasta la décima generación.

No entrará bastardo en la congregación de Jehová; ni hasta la décima generación no entrarán en la congregación de Jehová (Deuteronomio 23:2).

¿Cómo funciona esta maldición? La persona que tiene una maldición de ilegitimidad nunca va a sentir que tiene un lugar en la Iglesia, por mucho que lo intente. Siempre se va a sentir como si estuviera en el exterior, mirando hacia dentro. Yo he roto esta maldición en muchas personas, y es asombroso lo diferentes que se sienten después de haberse arrepentido por la ilegitimidad en su familia, y de haber quedado rota la maldición.

Ya a estas alturas, usted se debe haber arrepentido de toda participación en el ocultismo que haya habido en su vida. Si no lo ha hecho, le ruego que vuelva a leer la sección sobre demonología que hay en el capítulo 9.

Además de esto, si usted o algún miembro de su familia se ha visto en vuelto en algún tipo de idolatría, deténgase y arrepiéntase ahora mismo. En esta misma sección, después de explicar cómo operan las iniquidades en la vida de la persona, voy a orar con usted para romper el poder de las que haya podido heredar. Se define como idolatría todo lo que signifique dirigirse en la oración a otro que no sea Jesucristo, e inclinarse ante falsos dioses, así como ofrecerles sacrificios.

Una sencilla oración para pedir perdón por la idolatría, podría tener un aspecto semejante a éste:

> *Padre Dios, me arrepiento ahora por los pecados de mis padres hasta la tercera, la cuarta, e incluso la décima generación. Perdona todas las formas de adoración idolátrica, como (mencione las formas en que se ha adorado a los ídolos en su familia). Te ruego que me perdones este pecado y liberes a mi familia de las maldiciones asociadas con la idolatría.*

La destrucción de los objetos ocultistas

Hay ciertos objetos de ocultismo que no debemos poseer. Si usted tiene alguno de los objetos siguientes, necesita librarse de él. Si el objeto es algo que fue adorado en algún momento como un dios, o si así se lo adora en el presente, lo debe quemar, o destruir, si no le es posible quemarlo.

No es raro que los turistas regresen de sus viajes con objetos que tienen conexiones demoníacas, o que son ídolos. De lo que no nos solemos dar cuenta es de que esos objetos nos pueden maldecir. Por ejemplo, muchas personas compran máscaras africanas que han sido usadas en ceremonias idolátricas. Otras compran arte nativo como muñecos kachina, estatuas de dioses hindúes o budas. Cuando los meten en su casa, la devastación comienza a reinar en ella por medio de enfermedades, tragedias, depresiones o rompimientos matrimoniales, y no saben qué ha sucedido. También hay quienes llevan a su casa objetos aparentemente inocentes, pero que, tal como escribí en el capítulo anterior, tienen conexiones espirituales de las cuales es necesario librarse de alguna manera.

Quema de libros en Argentina

Hace ya años, Doris Wagner y yo nos encontrábamos en Resistencia, Argentina, y el Señor le dio a ella la idea de que debíamos hacer que las personas trajeran sus objetos de ocultismo, organizar una fogata y quemarlos, siguiendo el ejemplo que aparece en Hechos 19:19. Las Escrituras dicen que después de que fueron quemados aquellos objetos en Éfeso, la Palabra de Dios creció poderosamente y prevaleció.

Los líderes de las reuniones decidieron usar un gran tambor de petróleo para quemar los objetos. Doris dijo que debían envolverlos con periódicos, si no querían que los demás supieran lo que habían traído. Al comenzar la reunión, y en respuesta a un anuncio anterior, la gente trajo una amplia variedad de objetos de ocultismo. Algunos trajeron objetos que los habían hecho caer en algún tipo de esclavitud. Trajeron ídolos, pociones amorosas, avíos de macumba, revistas pornográficas y otros artículos ocultistas, envueltos en papel de periódico.

Los líderes echaron gasolina dentro del tambor, y después le prendieron fuego. Lo que sucedió después fue asombroso. Al comenzarse a quemar los objetos de ocultismo, algunas de las personas comenzaron a gemir y gritar angustiadas, mientras los demonios se manifestaban. Muchos pasaron al frente para pedir liberación de estos espíritus de ocultismo. Después de aquel momento, tal como había sucedido en Éfeso hace siglos, muchos pasaron al frente y fueron salvos.

Creo que los líderes de las iglesias deberían pensar en hacer esto mismo hoy. El pastor Jim Marocco lo hizo en la isla de Maui cuando fundó allí una iglesia. Hizo que la gente llevara y quemara una serie de objetos de ocultismo; concretamente, objetos que eran adorados como parte de su religión nativa. Después de destruidos aquellos objetos, su iglesia experimentó un gran crecimiento.

Revise su casa

Antes de que terminemos este capítulo con oración, dése una vuelta por su casa y pregúntele al Señor de qué necesita librarse. Habrá objetos sobre los cuales tal vez sólo necesite orar. Recuerde también que no se puede deshacer de cosas que no sean suyas. No obstante, puede atar a los espíritus unidos a ellas y prohibirles que se manifiesten en su casa. Si quiere un estudio excelente y más profundo sobre la purificación espiritual de las casas, le sugiero que lea *Ridding Your Home of Spiritual Darkness* ["Libre su hogar de las tinieblas espirituales"], escrito por Chuck Pierce y Rebecca Wagner Sytsema.

La oración para quebrantar las maldiciones generacionales

Ahora, por fin, usted está listo para orar y quebrantar el poder de las maldiciones que tal vez haya heredado, o que de alguna manera hayan lanzado en su contra desde el exterior. Sería maravilloso que hiciera esta oración con toda su familia, si es posible. Aunque puede orar solo, es estupendo tener un amigo o compañero de oración a su lado, para que se ponga en la brecha mientras usted va renunciando y quedando libre.

Recuerde que por medio del nombre de Jesucristo, y de la sangre derramada por Él, usted tiene una autoridad absoluta para quebrantar esas maldiciones. Además, no tiene razón alguna para sentir temor. Lucas 10:19 nos promete:

> He aquí os doy potestad de hollar serpientes y escorpiones, y sobre toda fuerza del enemigo, y nada os dañará.

¿Ya tiene preparada su lista? Muy bien; comencemos. Primero vamos a enfrentarnos a cuantas iniquidades y maldiciones generacionales existan, de las que usted no se haya arrepentido y que no haya quebrantado antes. Haga conmigo esta oración, en voz alta si le es posible:

Padre, en el nombre de Jesucristo de Nazaret me apropio en este momento del poder de la sangre del Cordero, y proclamo que nada me va a hacer daño de manera alguna mientras hago esta oración, y que nada le va a hacer daño a mi familia, o a ninguna de nuestras posesiones.

Padre, me arrepiento ahora de los pecados generacionales cometidos por mi familia hasta la tercera generación, la cuarta, e incluso la décima, por las cosas siguientes: (vaya mencionándolas una por una).

Antes de que lea su lista, es importante que se dé cuenta de que no está haciendo esta oración por los muertos, y que no le es posible arrepentirse a nombre de otra persona, viva o muerta. Esta oración no es hecha para eliminar el pecado de ellos, sino porque ellos han pecado. Cierre la puerta abierta que Satanás ha estado usando para arremeter contra usted y contra su familia, y le da a usted derecho legal para hacer que sean quebrantadas las maldiciones en su propia vida y la de los miembros de su familia.

Ahora, lea su lista. En ella pueden estar incluidas algunas de las siguientes cosas:

- La idolatría. Aquí se incluye el acto de romper los lazos con todos los nombres de santos que han sido adorados como ídolos, o con cualquier otro dios.
- La brujería y el ocultismo. Esto incluye la astrología, la lectura de las cartas tarot, la adivinación por el agua, y cualquier otra forma de adivinación.
- Las sociedades secretas. La masonería y muchas más. Le puede añadir estas palabras a su oración:

Ahora renuncio a los juramentos hechos por los miembros de mi familia durante su participación en dichas sociedades.

- El antisemitismo y el racismo
- La brujería hecha por cristianos a través de oraciones erróneas; las maldiciones lanzadas con palabras.
- El pecado sexual en cualquiera de sus formas. Aquí se incluyen cosas como la homosexualidad, el bestialismo, la fornicación y el adulterio.

Una vez hecha esta oración, llega el momento de quebrantar las maldiciones que puedan haber caído sobre usted o sobre su familia. Haga esta oración conmigo en voz alta:

Padre, en el nombre de Jesucristo de Nazaret, rompo ahora en mí
y en mi familia las siguientes maldiciones:
  La maldición de la enfermedad
  La maldición de la pobreza
  La maldición de la ilegitimidad (si es el caso)
  La maldición de la demencia

(Nota: Si en este punto se siente tranquilo en cuanto a hacer algo de autoliberación, lea la siguiente sección en voz alta, y con fe. Si le es posible, tenga consigo a alguien de confianza para que le ayude a orar).

En este momento, me libero de todo lazo satánico que haya podido venir a través de cualquiera de las participaciones anteriores en aquellas cosas que han traído consigo las maldiciones. Les prohíbo a estos espíritus en el nombre de Jesús que se manifiesten, o que me hagan daño o se lo hagan a mis seres amados de cualquier forma. En el nombre de Jesucristo, les digo a los siguientes espíritus que me suelten en este mismo instante:
  • *Espíritu de lujuria y todos los espíritus sexuales — Suéltenme ahora en el nombre de Jesús.*
  • *Espíritu de enfermedad — Suéltame ahora en el nombre de Jesús*
  • *Espíritu de demencia — Suéltame ahora en el nombre de Jesús*
  • *Espíritu de pobreza — Suéltame ahora en el nombre de Jesús.*

Permanezca abierto a la forma en que lo vaya guiando el Espíritu Santo en cuanto a la existencia de otros poderes demoníacos de los que necesite ser liberado. Consulte la lista que hizo de poderes demoníacos de los que podría necesitar liberación. Ha llegado el momento de decirles que se deben marchar. Vaya llamándolos por su nombre uno a uno.

(Nota: Si usted sospecha que se podría hallar más allá de las etapas iniciales de la demonización, le sugiero que siga los pasos siguientes bajo la dirección de alguien que ministre liberación).

También ha llegado el momento de renunciar a todos los espíritus guías con los que ha tenido conexión, y también a los espíritus familiares, y rechazarlos.

Padre Dios, en el nombre de Jesucristo de Nazaret les ordeno ahora a todos los espíritus guías (dé los nombres si los conoce) que me dejen ahora mismo. También les digo a todos los espíritus familiares que se marchen. En el nombre de Jesús, ya no los necesitamos en nuestra familia.

Si usted cree que le han lanzado una maldición de muerte, haga esta oración:

En este momento, y en el nombre de Jesucristo de Nazaret, quebranto el espíritu de muerte y todas las maldiciones de muerte lanzadas contra mí. Espíritu de muerte (suicidio, ganas de morir, un espíritu que hace que usted sienta ganas de morirse), te ordeno que me dejes ahora mismo.

(Nota: Hay momentos en los que hace falta ayunar para romper una maldición de muerte).

Puede hacer una oración similar acerca de cualquier maldición que sospeche que hayan lanzado contra usted. Hay quienes devuelven las maldiciones a quienes los están maldiciendo, y se ha informado de casos de gente ocultista que ha estado vomitando y sintiéndose enferma. Una cosa sí es segura: Es necesario que se sepa en los ámbitos celestiales que no se deben atrever a tocar a un hijo de Dios viviente.

He aquí un ejemplo de oración que puede hacer contra cualquier tipo de maldición:

En el nombre de Jesucristo de Nazaret, rompo la maldición de (nombre el tipo de maldición: de palabra, accidentes, etc.) lanzada contra mí. Padre, tomo la decisión de perdonar a los que han pecado contra mí.

¡Felicidades! Acaba de hacer suyo uno de los dones más preciados que acompañan a su salvación: la libertad en Cristo. La Palabra de Dios le hace esta promesa:

Y conoceréis la verdad, y la verdad os hará libres (Juan 8:32).

Epílogo

Estoy consciente de que hay parte del material que contiene este libro, que lo puede haber hecho sentir incómodo, o incluso es posible que lo haya ofendido. Una verdad a la que necesitamos regresar una y otra vez en nuestra vida de creyentes es que no debemos temer nada que Satanás nos trate de hacer. Tenemos que ser osados como leones. Dios nos ha dado autoridad sobre todos los engaños, métodos e intrigas del maligno. Tenemos protección en el nombre de Jesucristo. Esto es cierto, aunque vivamos en una nación musulmana y nos enfrentemos a una persecución abierta. Y es cierto también si vivimos en una tierra amenazada por una invasión de ocultismo. Cuando nos revistamos de toda la armadura de Dios, podremos permanecer firmes contra toda maldad (vea Efesios 6:10-13).

Muchas personas me han preguntado: "Cindy, ¿cómo has podido profundizar en un estudio del ocultismo hasta el grado que lo has hecho, sin tener miedo?"

Mi respuesta es sencilla: Porque sé que mayor es el que está en mí, que el que está en el mundo (vea 1 Juan 4:4). Cuando paso por momentos difíciles, en mi corazón tengo la seguridad de que si resisto el ataque en el nombre de Jesús, Satanás tendrá que huir, terminar y desistir (vea Santiago 4:7).

Hemos sido afectados por las películas y los programas de televisión que nos han presentado a Satanás como mayor que Dios. Las películas de terror parecen glorificar el poder del mal sobre el del bien. Sin embargo, para los que somos creyentes, no podría haber nada más alejado de la verdad. No hay nombre más grande que el nombre de Jesús, ni hay poder más grande que su poder.

No permita que Satanás lo intimide, y le haga sentir temor ante las prácticas ocultistas y el ámbito demoníaco que he puesto al descubierto en este libro. He aquí una maravillosa promesa que aparece en 2 Timoteo 1:7:

> Porque no nos ha dado Dios espíritu de cobardía, sino de poder, de amor y de dominio propio.

Para la mayoría de nosotros, el campo de batalla se encuentra en la mente. Si usted sintió algún tipo de temor mientras leía algunas secciones de este libro, dedique un tiempo a leer los textos bíblicos que hablan de la autoridad del creyente, y que he incluido en este epílogo. Dios quiere llevarnos a todos a un nivel más alto de autoridad, y a la victoria en Cristo Jesús.

He aquí una maravillosa promesa tomada de las Escrituras:

> Pues aunque andamos en la carne, no militamos según la carne; porque las armas de nuestra milicia no son carnales, sino poderosas en Dios para la destrucción de fortalezas.
>
> —2 CORINTIOS 10:3, 4

Con este pasaje en el corazón, quiero exhortarlo a no tener miedo a hablar, si se da cuenta de que se están dando enseñanzas wiccans en la clase de su hijo. Una líder de una red de oración que es conocida mía, se opuso con firmeza a la mezcla de paganismo y filosofía de la Nueva Era que estaban enseñando en la escuela de su hijo. Acudió al director para protestar, y presentó una queja oficial. Las enseñanzas eran tan abiertas, que sacaron a la maestra de aquel aula.

No vacile en visitar la biblioteca de la escuela de su hijo, para ver si hay libros de ocultismo en los estantes. Si encuentra alguno, tiene el derecho de decirles con amabilidad a los funcionarios de la escuela que ese material es objetable, y que le gustaría que lo quitaran de circulación. Si no ve que hagan algo, lleve el asunto a la junta escolar y reúna firmas en una petición. Una de las razones de que se haya infiltrado tanto material ocultista en nuestras escuelas, es que muchos de nosotros nos hemos quedado dormidos al volante.

Las cartas son un arma muy poderosa contra la invasión del ocultismo a nuestra sociedad. La opinión pública ejerce una fuerte influencia sobre las redes de televisión. Si ve un programa objetable en una de ellas, escriba una carta y quéjese acerca de su contenido. Cada carta puede levantar una pequeña polvareda. Escríbales al alcalde, a los miembros de la junta escolar y a los periódicos locales. ¿Recuerda la influencia que tuvo en nuestra sociedad una mujer llamada Madelyn Murray O'Hare? Ella fue la fuerza impulsora para que se quitara la oración de la escuela pública estadounidense en 1962.

Yo creo firmemente que Dios está levantando hombres y mujeres fieles a Él, que no tienen miedo a levantarse para proteger a nuestra sociedad contra las influencias ocultistas que vemos hoy. No tenemos intención alguna de perseguir a los wiccans, ni a ningún otro ocultista. Amamos a los wiccans, y no queremos que se les haga daño. Sin embargo, también sabemos que sus enseñanzas no agradan a Dios.

Al mismo tiempo que estoy exhortando a los creyentes a protestar con eficacia contra las influencias ocultistas que los rodean, estoy también agudamente consciente de que cualquiera que esté en la wicca se puede sentir muy perturbado al leer las palabras que he escrito. Sé que en la wicca hay quienes ya han sido heridos por los cristianos, tal como señalé en el capítulo 5. Al mismo tiempo que reconozco esta realidad, también me doy cuenta de que muchos wiccans andan buscando la verdad.

Si usted es uno de esos wiccans que tienen una mente abierta, ¿estaría dispuesto a intentar algo? ¿Sería capaz de preguntarle a Dios si Él es realmente el único Dios verdadero? Dele a Dios una oportunidad para demostrarle que lo ama. Usted es alguien especial para Él, y le encantaría demostrarle que es real y amoroso, y que no es la clase de Dios que aquéllos que sólo son cristianos de nombre le han hecho creer a usted que es.

Cristianos, las últimas palabras son para nosotros. Necesitamos interceder. Necesitamos mantener nuestro terreno en la lucha contra Satanás y el ocultismo. Pero al mismo tiempo que hacemos esto, recordemos que Dios ama a todos los wiccans, a todos los adivinos, a todos los que alguna vez han leído un horóscopo, a todos los que han jugado a *Dungeons and Dragons*, y a todo el que ha estado jugando con algún aspecto del ocultismo. Oremos por ellos y estemos preparados para abrirles los brazos cuando vengan en busca de la verdad del único Dios verdadero.

Apéndice 1

Oración sobre la masonería

Si usted, o algún miembro de su familia, ha estado envuelto alguna vez en la masonería, le recomiendo seriamente que haga una oración para romper los lazos de ocultismo. Puede usar de modelo la oración que aparece a continuación. Está extractada de *Jubilee Resources*, de Nueva Zelandia, y la uso con autorización. Si usted o su familia han estado envueltos en la masonería a un nivel profundo, le sugiero que visite en la internet el sitio de Jubilee Ministries, http://www.jubilee.org.nz/freemasonry.htm donde se le ofrece orientación sobre la forma de ir orando a través de todos los niveles de actividad masónica.

Padre Dios, creador del cielo y de la tierra, vengo a ti en el nombre de tu Hijo Jesucristo. Vengo como pecador en busca de perdón y de purificación de todos los pecados cometidos contra ti, y contra otros seres hechos a tu imagen. Honro a mis padres terrenales y a todos mis antepasados de carne y sangre, y de espíritu por adopción, y también a mis padrinos, pero me aparto por completo de todos sus pecados, y renuncio a ellos. Perdono a todos mis antepasados por los efectos que hayan tenido sus pecados en mí y en mis hijos. Confieso todos mis propios pecados y renuncio a ellos. Renuncio a Satanás y a todo poder espiritual suyo que nos esté afectando a mí y a mi familia, y los reprendo.

Renuncio a toda participación en la masonería o en alguna otra logia o sociedad secreta por parte de mis antepasados, y de mí

*mismo, y la abandono por completo. En el nombre de Jesucristo,
renuncio y echo fuera la brujería, el principal espíritu que se halla
detrás de la masonería, y renuncio y echo fuera a Bafomet, el
espíritu de anticristo y los espíritus de muerte y engaño. Renuncio
a la inseguridad, al amor a las posiciones y al poder, al amor
del dinero, a la avaricia o codicia, y al orgullo que puedan haber
llevado a mis antepasados a la masonería. Renuncio a todos los
temores que los mantuvieron dentro de ella; en especial, al temor
a la muerte, al temor a los hombres y al temor a confiar en el
nombre de Jesucristo.*

*Renuncio a toda posición que haya tenido en la logia alguno
de mis antepasados, o yo mismo, incluyendo las de Maestro,
Honorable Maestro y cualquier otra. Renuncio a llamar maestro a
ningún ser humano, porque Jesucristo es mi único maestro y Señor,
y Él prohíbe que haya alguien que use ese título. Renuncio al
hecho de haber atrapado a otros para la masonería, y de observar
la impotencia de otros durante los ritos. Renuncio a los efectos de
la masonería que me hayan llegado a través de toda antepasada
que haya sentido que su esposo desconfiaba de ella y la rechazaba
cuando entraba a la logia y asistía a ella, y después se negaba a
hablarle de sus actividades secretas. También renuncio a todas las
obligaciones, todos los juramentos y todas las maldiciones que haya
realizado alguna mujer de mi familia al pertenecer directamente
en las órdenes femeninas de la masonería, la Orden de la Estrella
de Oriente, o cualquier otra organización masónica o secreta...*

*Renuncio al tercer ojo que todo lo ve de la masonería, o de
Horus, en la frente, y a su simbolismo pagano y ocultista. Cierro
en este momento ese tercer ojo y cualquier otra capacidad ocultista para ver en el ámbito espiritual, en el nombre del Señor
Jesucristo, y pongo mi confianza en el Espíritu Santo enviado
por Jesucristo para confiarme todo cuanto necesite saber acerca de
las cuestiones espirituales. Renuncio a todas las falsas comuniones
que haya tomado, a toda burla a la obra redentora de Jesucristo en
la cruz del Calvario, a toda incredulidad, confusión y depresión..
Renuncio a la mentira masónica de que el hombre no es pecador,
sino sólo imperfecto, por lo que se puede redimir a sí mismo a base
de buenas obras, y la saco de mi vida. Me regocijo en que la Biblia
afirme que no puedo hacer absolutamente nada para ganarme mi*

salvación, sino que sólo puedo ser salvo por gracia a través de la fe en Jesucristo y en lo que Él realizó en la cruz del Calvario...

Renuncio a todo temor a la locura, a toda angustia, ganas de morirme, deseos de suicidio y de muerte, en el nombre de Jesucristo. La muerte fue vencida por Él, y sólo Él tiene las llaves de la muerte y del infierno, y me regocijo en que es Él quien tiene mi vida en sus manos ahora. Él vino para darme vida abundante y eterna, y yo creo en sus promesas. Renuncio a toda ira, odio, pensamientos asesinos, venganza, represalia, apatía espiritual, religión falsa, toda incredulidad, en especial la dirigida contra la Biblia como Palabra de Dios, y toda concesión en cuanto a esa Palabra de Dios. Renuncio a toda búsqueda espiritual dentro de las falsas religiones, y a todos los esfuerzos por complacer a Dios. Descanso en el conocimiento de que he hallado a Jesucristo, mi Señor y mi Salvador, y Él me ha hallado a mí...

Renuncio a todos los demás votos que haya hecho, a los ritos de todos los demás grados y las maldiciones envueltas en ellos. Entre ellos se encuentran los Grados Aliados, la Cruz Roja de Constantino, la Orden del Monitor Secreto y la Real Orden Masónica del Rito Escocés. Renuncio a todas las demás logias y sociedades secretas, entre ellas la Masonería del Salón del Príncipe, la Gran Logia Oriental, el Mormonismo, la Orden de Amaranto, la Real Orden de Bufones, la Orden de Unidad de Oddfellows de Mánchester, los Búfalos, los Druidas, los Foresters, las Logias Anaranjada y Negra, las logias de Alces, y de Águilas, el Ku Klux Klan, la Hacienda, los Leñadores del Mundo, los Jinetes de la Toga Roja, los Caballeros de Pitias, la Orden Mística de los Velados, los Profetas del Ámbito Encantado, las Órdenes femeninas de la Estrella de Oriente, del Santuario Oriental de Damas y del Santuario Blanco de Jerusalén, la orden de jovencitas de Hijas de la Estrella de Oriente, las Órdenes Internacionales de las Hijas de Job y del Arco Iris, y la Orden de De Molay para jovencitos, y sus efectos sobre mí y sobre toda mi familia...

Renuncio a todo espíritu maligno asociado con la masonería, la brujería y todos los demás pecados, y les ordeno en el nombre de Jesucristo a Satanás y a todos los espíritus malignos que queden atados y me dejen en este mismo momento, sin tocar ni dañar a nadie, y vayan al lugar que les haya señalado el Señor Jesús, *para no regresar jamás a mí, ni a mi familia. Invoco el nombre del Señor Jesús para que me libre de estos espíritus, de acuerdo a lo que dicen las numerosas promesas de la Biblia. Pido quedar liberado de todo espíritu de enfermedad, debilidad, maldición, aflicción, adicción, dolencia o alergia asociado con estos pecados que he confesado y a los cuales he renunciado. Le entrego al Espíritu Santo de Dios y a ningún otro espíritu todos los lugares de mi vida donde han estado estos pecados...*

Señor, te pido que me bautices en tu Espíritu Santo ahora mismo, según las promesas de tu Palabra. Me pongo toda la armadura de Dios, de acuerdo a lo que dice Efesios 6, y me regocijo en esta protección, mientras Jesús me rodea y me llena de su Santo Espíritu. Te entronizo, Señor Jesús, en mi corazón, porque tú eres mi Señor y mi Salvador, y mi fuente de vida eterna. Gracias, Padre Dios, por tu misericordia, tu perdón y tu amor, en el nombre de Jesucristo. Amén.

Apéndice 2

Diez pasos para librar su casa de las tinieblas espirituales

1. Aceptar a Jesús como Señor y Salvador.
2. Hacer un inventario espiritual de su vida.
3. Dedicarle su hogar al Señor.
4. Prepararse para la batalla.
5. Hacer un inventario espiritual de su hogar.
6. Limpie su casa de objetos de impiedad.
7. Limpie cada cuarto y limpie el terreno.
8a. Consagrar su hogar.
8b. Consagrar su propiedad.
9. Llenar de gloria su hogar.
10. Mantenerse en victoria espiritual.

Lista de objetos problemáticos:

1. DIOSES EXTRAÑOS
2. RELIGIONES FALSAS
3. OBJETOS DE OCULTISMO
4. OBJETOS DE SOCIEDADES SECRETAS Y
5. OTROS OBJETOS.

Esta información está tomada del libro *Ridding Your Home of Spiritual Darkness,* escrito por Chuck Pierce y publicado por el Wagner Institute for Practical Ministry, P.O. Box 62958, Colorado Springs, CO 80962-2958. Copyright 1999. Usado con autorización.

Apéndice 3

Símbolos del ocultismo

Anarquía
Un símbolo que proclama el rechazo a la autoridad.

Ankh
Este antiguo símbolo egipcio de la vida tiene características mágicas. La parte superior representa lo femenino, mientras que la inferior representa lo masculino.

Bafomet
Un pentagrama al revés, en el cual las dos puntas superiores simbolizan los cuernos del diablo. Las tres puntas inferiores proclaman la negación de la Trinidad. Se supone que la posición hacia abajo del tercer punto es la que convoca a los espíritus satánicos.

Cruz invertida
Una marca universal que tiene el sentido de rebelión y negación del cristianismo.

Espada de poder

Un arma céltica relacionada con frecuencia a la hechicería y la fantasía. En la leyenda del rey Arturo, era la espada de este rey, o Excálibur, la que estaba enterrada en una piedra como prueba, Arturo y su padre, Uther Pendragón, consultaron con el hechicero Merlín, divinidad celeste céltica, y bardo británico.

Hexagrama o Sello de Salomón

Esta figura de seis puntas se parece a la Estrella de David, pero no es exactamente igual. La estrella judía representa al pueblo escogido de Dios y las promesas que Él les ha hecho. Cuando se añade un círculo alrededor de su perímetro, se corrompe y se convierte en un poderoso marcador del ocultismo.

Iglesia de Satanás

El emblema oficial de la Iglesia de Satanás. Esta representación ha sido ligeramente alterada, pero da una buena idea del aspecto que tiene esta marca.

Luna en cuarto creciente con estrellas

Este emblema combina a la luna de la diosa Diana con la estrella, o Lucifer. Este tipo de símbolo se usa tanto en la magia blanca como en la negra.

Mano formando cuernos

Un saludo satánico que representa los cuernos del diablo. Algunas veces, las personas que escuchan música de metal pesado lo usan sin saber lo que están haciendo.

Marca de la bestia

El número 666 representa con diversas configuraciones al anticristo. Este símbolo de tres círculos, aunque tiene usos fuera del ocultismo, se usa también para representar la marca de la bestia. Algunas veces se escribe como "fff", porque la "f" es la sexta letra del alfabeto.

Pentagrama o pentáculo

La punta superior representa al espíritu y las otras cuatro puntas representan al aire, el fuego, la tierra y el agua. Se usa este emblema tanto en la magia blanca como en la negra.

Relámpago

La dramática presentación del relámpago puede representar la "s" inicial de las palabras "Satanás" y "satanista".

Señal de paz

Llegó a representar el ideal de la paz en la época hippie, pero los ocultistas hacen equivaler este emblema con la cruz de Nerón. Representa una cruz invertida y rota, y lanza un llamado a derrotar al cristianismo.

Símbolo del rito de sangre

Se combina la luna en cuarto creciente con unas flechas para simbolizar los sacrificios humanos y de animales.

Símbolo ritual del sexo

Un símbolo tallado en piedra o pintado junto a un camino para marcar el uso del lugar en un rito sexual.

Yin/Yang

En la cosmología china, el yin es femenino y el yang es masculino. La combinación de ambos produce todo lo que existe. También puede representar los principios opuestos del día y la noche, del bien y el mal, y de negro y blanco.

Glosario

adivinación: El acto de predecir la suerte por medios ocultistas. Esto se suele hacer por medio del uso de un espíritu familiar o espíritu guía. Muchas veces se adivina a base de observar presagios como el hígado de un animal o de un ser humano, hojas de té, cartas tarot, bolas de cristal u otros artefactos ocultistas.

adivinar la suerte: El intento de hacer contacto con espíritus de personas muertas o de dioses para recibir conocimientos personales y orientación sobre el futuro. Dios prohíbe el uso de los adivinos.

amuleto: Un tipo de conjuro ocultista protector usado en un objeto, como por ejemplo una joya, para darle poder a la persona. También puede ser amuleto un objeto colgado de la ropa. Los adornos personales son también formas de amuleto cuando se hace un conjuro sobre ellos.

aquelarre: Un grupo de wiccans que se reúnen en secreto, por lo general una vez al mes, durante la luna llena.

astrología: El estudio de las estrellas para predecir el futuro. También puede incluir el estudio de los meteoros, o meteorología.

brujo(a): Hombre o mujer que practica la brujería, o wicca.

encantamiento: Otra palabra para hablar de la magia.

espíritu familiar: Usado por un adivino o echador de suertes para hacer contacto con un difunto. Este espíritu es en realidad un demonio. La expresión "espíritus familiares" se refiere también a los espíritus que permanecen unidos a las familias durante generaciones para demonizar a un linaje familiar. Por esta razón, tienen una extensa información sobre estas familias.

guerra espiritual: La confrontación hecha al reino de las tinieblas por el poder del reino de Dios para desplazar las obras de las tinieblas y elevar a su Hijo Jesús.

hechicería: La práctica de relacionarse con espíritus malignos. "Hechicería" es otra palabra para designar la brujería. (Estoy consciente de que los practicantes de la brujería wicca tendrían una forma muy diferente de definir esta palabra, puesto que no creen que los espíritus con los que ellos se relacionan sean malignos).

intercesión: El acto de solicitarle algo a un superior, o de expresarle un profundo anhelo a Dios, nuestro único superior.

lanzar conjuros o encantamientos: Se hace por medio del uso de hierbas, de palabras determinadas y del sacrificio de animales o seres humanos. Los wiccans usan conjuros para invocar a las diosas y los dioses con respecto a sus necesidades, entre ellas la sanidad.

magia: Una forma de comunicación que involucra al mundo sobrenatural, en la cual se intenta afectar el curso de sucesos presentes y/o futuros por medio de actos rituales, en especial aquéllos que comprenden la imitación simbólica de lo que el practicante quiere que suceda. (Esto sería una falsificación de las actuaciones proféticas). La magia también usa la recitación de fórmulas que describen los resultados deseados y/o invocan a dioses, demonios o espíritus de los que se cree que residen en las sustancias naturales. La magia es un instrumento de control.

magia blanca: Magia hecha sin malas intenciones.

magia negra: Magia hecha con la intención de hacerle daño a una persona o destruir una propiedad.

médium: Persona que permite que los espíritus familiares o espíritus guías habiten en ellos para hacer contacto con los muertos y/o predecir el futuro.

ocultismo: La palabra "oculto" significa "escondido". En un sentido negativo, se puede definir como ocultismo toda práctica ajena a la Biblia que sea inspirada o controlada por Satanás.

wicca: La práctica actual de la brujería. La palabra significa "doblar" o "desviar".

Lectura recomendada

Nota editorial: Muchos de los libros que recomienda la autora en el transcurso de la lectura están disponibles en inglés, pero no necesariamente en español. Es decir las traducciones a estos títulos que aparecen entre paréntesis no implican que se publicaron en castellano; más bien se hizo así para que el lector entienda el título del libro. La lista que le brindamos en esta página sí es de libros que están disponibles en español, sin embargo, no podemos garantizar que estén en circulación al momento de usted leer este libro.

Anderson, Neil T. *Rompiendo las cadenas*. Unilit.

Anderson, Neil T. *Protección espiritual para sus hijos*. Unilit.

Annacondia, Carlos. *¡Oíme bien, Satanás!* Casa Creación

Bottari, Pablo. *Libres en Cristo*. Casa Creación.

Godwin, Rick. *Exponiendo la hechicería en la Iglesia*. Editorial Peniel.

Hammond, Frank. *Cerdos en la sala: Guía practica para liberación*. Unilit.

Huch, Larry. *Libre al fin: Rompa el ciclo de las maldiciones familiares*. Casa Creación.

Jacobs, Cindy. *Conquistemos las puertas del enemigo*. Grupo Nelson.

Larson, Bob. *En el nombre de Satanás*. Grupo Nelson.

Méndez, Ana. *Los cielos serán conmovidos*. Casa Creación.

Michaelson, Johanna. *El lado bello del mal*. Grupo Nelson

Rodríguez, A.G. *¡Por Favor, quédate Señor!* Casa Creación.

Sherrer, Quin *Guerra espiritual: Una guía para la mujer*. Unilit.

Torres, Hector. *Derribemos Fortalezas*. Grupo Nelson

Wagner, Doris. *Cómo echar fuera demonios*. Grupo Nelson

Notas

1. Silver RavenWolf, *Teen Witch* (Llewellyn Publications).
2. Malcolm Jones, "Is Pokemon Evil?", *Newsweek,* noviembre de 1999.
3. Ibíd., p. 72.
4. *Christianity Today,* 12 de julio de 1999.
5. "'Worrying' Poll Shows Many Spooked by Horror Emphasis", *Charisma News Service,* 2 de noviembre de 1999, www.charismanews.com (1999).

Capítulo 2

1. Clinton Arnold. *Power and Magic* (Baker Books), donde cita a B. M. Metzger, "St. Paul and the Magicians", *Princeton Seminary Bulletin* 38.
2. C. Peter Wagner, *Acts of the Holy Spirit* (Regal Books), p. 479. Dentro de esta cita, Wagner cita a su vez a Ernst Haechen, *The Acts of the Apostles: A Commentary* (The Westminster Press), p. 567.
3. Ron Ledbetter, "Artemis", www.pantheon.org. (2001).
4. Arnold, p. 23.
5. "Hekate's Role", www.hecate.org.uk (2001).
6. Arnold, p. 26
7. "Charms", *Universidad de Pennsylvania,* http://ccat.sas.upenn.edu. (2001).
8. Arnold, p. 15.
9. Ibíd, p. 54.
10. Ibíd, p. 58.
11. J. A. Scurlock, *Magic* (ANE) en el diccionario Anchor Bible, vol. IV (Doubleday, 1992), p. 464.
12. Joanne K. Kuemmerlin-McLean, *Divination and Magic in the Religion of Ancient Israel,* "Thesis", (Vanderbilt University).
13. Finis Jennings Dake, *The Dake Annotated Reference Bible* (Dake Publishing).
14. The Columbia Encyclopedia, sexta edición, 2001, Columbia University Press, *Bartleby.com,* "Molech". www.bartleby.com.

214 LÍBRANOS DEL MAL

15. Vea Levítico 20:2-5; 2 Reyes 23:10; Jeremías 32:35.
16. Henry Liddell y Robert Scott. *A Greek-English Lexicon*. (The Clarendon Press).
17. Jarrett Bell, "Modell Seeks Last Hurrah", www.ads.usatoday.com.
18. Charles Mendies, entrevista hecha por Steven Lawson, Solidaridad Cristiana Internacional, Washington, D. C., 1983.
19. Dave O'Brien, "Reborn Again?", *San José Mercury News*, 14 de diciembre de 1991, s. l.
20. C. Peter Wagner, *Prayer Shield* (Regal Books, 1992).

Capítulo 3
1. "Poke Power", *TIME for Kids*, 12 de noviembre de 1999, *timeforkids.com*, www.timeforkids.com (consultado el 15 de junio de 2001).
2. "Pokemon Tournament Rules", *Wizards of the Coast*, www.wizards.com.
3. Berit Kjos, "The Dangers of Role-Playing Games", *Kjos Ministries*, 17 de noviembre de 1999. www.crossroad.to.
4. Ibíd.
5. Phil Arms, *Pokemon and Harry Potter: A Fatal Attraction* (Hearthstone Pub.).
6. Ibíd., p. 43.
7. Washingtonpost.com, consultado el 10 de diciembre de 1999.
8. Sheryl WuDunn, "TV Cartoon's Flashes Send 700 Japanese Into Seizures," *New York Times*, December 18, 1997. http://archives. nytimes.com (consultado el 15 de junio de 2001).
9. Malcolm Jones, "Is Pokemon Evil?" *Newsweek*, 5 de noviembre de 1999.
10. Brett Peterson, "Pokemon-Just Another Fad?" *Worthy News*.
11. Arms, p. 68.
12. Bob Edwards, "*Magic* Game's Popularity" ["La popularidad del juego *Magic*"]. Morning Edition, National Public Radio, 1998.
13. *Magic: The Gathering, Starter Game Play Guide* (Wizards of the Coast).
14. "Dungeons & Dragons FAQ", *Wizards of the Coast*. www.wizards.com.
15. "Roleplaying Games", *Wizards of the Coast*, 2001. www. wuzards.com.
16. J. Gordon Melton, *The Vampire Book, The Encyclopedia of the Undead* (Visible Ink Press, 1999), p. ix.
17. Ibíd., p. xvi.
18. Richard Webster, *Spirit Guides and Angel Guardians* (Llewellyn Pub.).
19. *Harry Potter and the Sorcerer's Stone* and *Harry Potter and the Chamber of Secrets* permanecían en los dos primeros lugares de la lista de Éxitos de librería del *New York Times* el 14 de agosto de 2001. "Books: Best-Seller Lists," *The New York Times*. www.nytimes.com.
20. Arms, pp. 76-77.
21. "What Readers Think About 'Goblet,' " *San Francisco Chronicle*, 26 de julio de 2000. *SF Gate*. www.sfgate.com.
22. "Potter Fans Turning to Witchcraft", *This is London,* 4 de septiembre de 2001. www.sfgate.com.

23. Dana Gerhardt, "Nagging the Invisible," *Beliefnet,* tomado de "Moon Teachings for October 2000", *Mooncircles Newsletter,* www.beliefnet.com.

24. Katherine Vogt, "Columbine Victims Protest Manson," *Yahoo!. News* (Associated Press), 21 de junio de 2001. www.dailynews.yahoo.com.

25. Marilyn Manson, *The Black Flame,* vol. 6, números 1-2, 5.

26. Vogt, "Columbine Victims".

27. Periódico *Gazette* de Colorado Springs, s. f.

28. Bob Larson, *Extreme Evil, Kids Killing Kids* (Thomas Nelson Publishers).

29. Ibíd.

30. Ibíd., p. 41.

31. *Indianapolis Star and News,* 5 de junio de 1999.

32. Larson, p. 105.

33. Ibíd., pp. 43-44.

34. Barit Kjos, "Bewitched by Harry Potter", *Kjos Ministries,* 15 de noviembre de 1999. www.crossroad.to.

Capítulo 4

1. Ed Sullivan, *School Library Journal,* octubre de 1999, p. 48.

2. Silver Raven Wolf, *Teen Witch* (Llewellyn Publications).

3. Ibíd., p. 4.

4. Steven Lawson, Entrevistas en la celebración del solsticio de verano, Riverside, California, agosto de 1999.

5. Ibíd.

6. William Schnoebelen, *Wicca, Satan's Little White Lie* (Chick Publications).

7. Ray Buckland, *Witchcraft On the Inside* (Llewellyln Publications).

8. Steven Lawson, entrevista con Rachael Watcher, miembro de la junta del Pacto de las diosas, San Francisco, California, agosto de 1999.

9. Buckland, p. 32.

10. Schnoebelen, p. 38.

11. Ibíd., p. 142.

12. Silver RavenWolf, p. 120.

13. Ibíd., p. 110.

14. Silver RavenWolf, *American Folk Magick* (Llewellyln Publications).

15. Buckland, p. 130.

16. Ibíd, p. 167.

17. Silver RavenWolf, *Teen Witch,* p. 6.

18. Ibíd., p. 217.

19. Buckland, citando a Z Budapest, p. 172.

Capítulo 5

1. John Sandford y Paula Sandford, *Healing the Wounded Spirit* (Victory House, Inc.).

2. Lynn A. Robinson y LaVonne Carlson-Finnerty, *The Complete Idiot's Guide: Being a Psychic* (MacMillan Publishing Co.).

3. Paulette Cooper, *The 100 Top Psychics in America, Specialties and How to Contact Them* (Pocket Books, 1996).
4. Robinson y Carlson-Finnerty, p. 12.
5. Rita Cosby, "Fox News Live with John Gibson", 22 de julio de 2001.
6. C. Peter Wagner, *Blazing the Way* (Regal Books, 1995), pp. 70-71.
7. Ibíd., p. 71.
8. Ibíd.
9. Ibíd.
10. Cindy Jacobs, *The Voice of God* (Regal Books, 1995), pp. 78-79.
11. Robinson y Carlson-Finnerty, p. 44.
12. Ibíd., p. 25.
13. Rafal T. Prinke, "The Alchemical Tarot Deck", *The Hermetic Journal*.
14. Ibíd.
15. Chic and Sandra Tabatha Cicero, "The Golden Dawn Magical Tarot," *Hermeticgoldendawn.org*, reimpresión de *Llewellyn's New World of Mind and Spirit*, septiembre-octubre de 2000. www.hermeticgoldendawn.org.
16. Chic y Sandra Tabatha Cicero, "The History of the Golden Dawn," www.hermeticgoldendawn.org.
17. *Merriam Webster's College Dictionary,* 10ª edición, s. v. "arcanum".
18. "History of Tarot Cards," *Paralumun New Age Womens Village*. www.paralumun.com.
19. Louis Martinie y Sallie Ann Glassman, *The New Orleans Voodoo Tarot,* (Destiny Books, 1992).
20. Steven Lawson, entrevista con John Osteen, Houston, Texas, 1987.
21. Finis Jennings Dake, *Dake Annotated Reference Bible* (Dake Publishing).

Capítulo 6

1. Jess Stern, *Edgar Cayce, The Sleeping Prophet* (Bantam Books).
2. Ibíd., p. 10.
3. J. Gordon Melton, "Edgar Cayce and Reincarnation: Past Life Readings as Religious Symbology", *California Institute of Integral Studies,* artículo aparecido originalmente en la publicación *Syzygy: Journal of Alternative Religion and Culture* (vol. 3, n° 1-2, 1994). www/ciis.edu.
4. Stearn, p. 343.
5. Johanna Michaelsen, *The Beautiful Side of Evil* (Harvest House, 1982).
6. Ibíd., p. 16.
7. Barbara Goldsmith, *Other Powers* (Random House, Inc., 1998), p. XI.
8. Ibíd.
9. Ibíd.
10. Ibíd.
11. Raphael Gasson, *Challenging Counterfeits* (Bridge-Logos, 1985), p. 48.
12. "Fox Sisters", *Electric Library.* www.encyclopedia.com.
13. Chris Hayward, entrevista personal con la autora, s. f.
14. Ibíd.

15. Gasson, p. 86.
16. Ibíd., p. 130.
17. Ibíd.
18. Chuck Pierce, entrevista personal con la autora, s. f.
19. Melita Denning y Osborne Phillips, *Astral Projection* (Llewellyn Worldwide).

Capítulo 7
1. "Matamoros slaying still fuels parents' anti-drug effort", citando el *Dallas Morning News* del 11 de abril de 1999. www.rickross.com.
2. Ibíd.
3. Carl A. Raschke, *Painted Black* (Harper & Row, 1990).
4. Ibíd., p. 53
5. Anton LaVey, *The Satanic Bible* (Avon Books, 1969), p. 4.
6. Ibíd.
7. Joe Evans, *Satanism in America* (Michael Paul & Associates, s. f.), p. 7.
8. LaVey, *The Satanic Bible*, p. 30.
9. Ibíd., p. 47.
10. Ibíd., p. 88.
11. Anton LaVey, *The Satanic Rituals* (Avon Books, 1972), p. 21.
12. LaVey, *The Satanic Bible*, p. 115.
13. Ibíd., p. 118.
14. John y Paula Sandford, *Healing the Wounded Spirit* (Victory House, Inc.)
15. Susan Sward, "Satanist's Daughter to Keep the 'Faith'", San Francisco Chronicle, 8 de noviembre de 1997, p. A22.
16. Raschke, p. 84.
17. Ibíd., p. 85.
18. Ibíd., p. 86.
19. Raúl Cañizares, *Cuban Santería* (Destiny Books).
20. Eric Stein Hart, *On Nietzsche* (Wadsworth, 2000). Nota: Lo más temible de este libro es que forma parte de una serie sobre filósofos recopilada para uso de los universitarios. Yo lo compré en una librería cercana a un colegio universitario local.
21. Kenneth Lanning, "Lanning's Guide to Allegations of Childhood Ritual Abuse" (The Federal Bureau of Investigation).
22. Ibíd.
23. Catherine Gould, "Denying Ritual Abuse of Children", *The Journal of Psychohistory*, vol. 22, 1995.
24. Daniel Ryder, *Cover-Up of the Century: Satanic Ritual Crime and Conspiracy.*
25. *Newsday*, 18 de febrero de 1992.
26. No doy el nombre real de este grupo, ni su página de la web, aunque fue consultada el 13 de julio de 2001 para obtener esta cita. Se trata de una página tenebrosamente ocultista de la web, a la que nadie debe acudir.
27. Ibíd.

28. James Friesen, *Uncovering the Mystery of MPD* (Here's Life Publishers).
29. Johanna Michaelsen, *Like Lambs to the Slaughter* (Harvest House).

Capítulo 8

Estoy en deuda con el Equipo de Trabajo Nacional de Justicia Criminal por su folleto *Satanism in America,* en cuanto a los nombres de los diferentes niveles de prácticas ocultistas. Aunque tengo mi propia interpretación sobre aquello en lo que consiste cada nivel, sí hago uso de los nombres que ellos les dan a los distintos niveles.

2. Entrevista con un antiguo satanista cuya identidad no revelo para protegerlos a él y a su familia.
3. *Satanism in America,* p. 22
4. Ibíd., p. 21.
5. Randy Skinner, *The Safety Awareness Guide* (publicada por el propio autor).
6. Johanna Michaelsen, *Like Lambs to the Slaughter* (Harvest House).
7. Ibíd., p. 275.

Capítulo 9

1. Gordon Lindsay, *The Origin of Demons and Their Orders* (Christ for the Nations Publishing), p. 8.
2. Derek Prince, *They Shall Expel Demons* (Chosen Books, 1998), p. 89.
3. Finis Jennings Dake, *The Dake's Annotated Reference Bible* (Dake Pub.).
4. He oído a Harold Caballeros decir esto muchas veces desde el púlpito.
5. Doris Wagner, *How to Cast Out Demons* (Renew Books, 2000), pp. 42-44.
6. Lester Sumrall, *Demons, the Answer Book* (Whitaker House).
7. Aquí es donde me aparto de la lista de Sumrall. Él presenta el paso siguiente bajo el nombre de "posesión", mientras que yo lo llamo "demonización".
8. Neil T. Anderson, *Victory over the Darkness* (Regal Books, 1990).

Capítulo 10

1. Derek Prince, *Blessing or Curse,* (A Chosen Book).
2. Ibíd., p. 43.
3. Cindy Jacobs, *The Voice of God* (Regal Books, 1995), p. 64.
4. He incluido en el apéndice de este libro una oración de renuncia a todas las maldiciones de la masonería. Le agradezco a Jubilee Ministries esta información.

Para ponerse
en contacto con
Generales de Intercesión:

Generals@generals.org

www.generals.org

719-535-0977

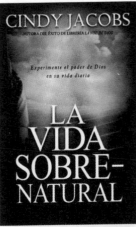

Te invitamos a que visites nuestra página web, donde podrás apreciar la pasión por la publicación de libros y Biblias:

www.casacreacion.com

f @CASACREACION

@CASACREACION

@CASACREACION

Para vivir la Palabra